Universität Bielefeld

Das Bielefelder Oberstufen-Kolleg

Begründung, Funktionsplan und Rahmen-Flächenprogramm

von Hartmut von Hentig

in Zusammenarbeit mit Mitgliedern der Arbeitsstelle Pädagogik
der Universität Bielefeld, des Instituts für Schulbau Stuttgart,
des Quickborner Teams und Annegret Harnischfeger, Diether Hopf,
Ludwig Huber, Christoph Oehler, Hans-Herbert Wilhelmi

Ernst Klett Verlag Stuttgart

1. Auflage 1971
Alle Rechte vorbehalten
Fotomechanische Wiedergabe nur mit Genehmigung des Verlages
© Ernst Klett Verlag, Stuttgart 1971. Printed in Germany
Umschlaggestaltung: Prof. Kurt Weidemann, Stuttgart
Satz: G. Müller, Heilbronn
Druck und Bindung: Wilhelm Röck, Weinsberg
ISBN 3-12-92371 0-0

Inhaltsübersicht

Vorwort 7

I. Der allgemeine bildungspolitische Auftrag der Schulprojekte der Universität Bielefeld: Die Laborschule und das Oberstufen-Kolleg als „Curriculum-Werkstätten" 11
   1. Warum brauchen wir Curriculum-Werkstätten? 11
   2. Welche Funktionen haben die Curriculum-Werkstätten? . . 13
   3. Sind die Ergebnisse dieser Schulprojekte auf andere Schulen übertragbar? 16

II. Der spezifische Zweck des Bielefelder Oberstufen-Kollegs 18

III. Allgemeine kulturpolitische Gründe für Versuche mit Oberstufen-Kollegs 25
   1. Die horizontale Gliederung des Bildungssystems 25
   2. Der Übergang von der allgemeinen Bildung zur Spezialausbildung 26
   3. Die Ineffizienz des bisherigen Abiturs 27
   4. Die Vorbereitung auf die Berufs- oder Studienwahl 28
   5. Das Fehlen einer Didaktik des spezialisierten Grundstudiums 29
   6. Die Entwicklung des uneinheitlich gewachsenen Hochschulwesens zu einer geplanten „integrierten" Gesamthochschule und die Notwendigkeit gemeinsamer wissenschaftsdidaktischer Strukturen 30
   7. Jugendpsychologische Gründe 31

IV. Strukturmerkmale: Organisation und Inhalte des Oberstufen-Kollegs . 33
   1. Dauer und Kurssystem 33
   2. Zugang und Studienbeginn 33
   3. Studienfortschritt, Abschlüsse und Abgänge 34
   4. Die Konzeption eines „Grundstudiums" 37
   5. Die Fächergruppen, ihre Funktion und ihre Problematik . . 37
      5.1. Wahlfachunterricht 39
      5.2. Ergänzungsunterricht 41
      5.3. Gesamtunterricht 51
   6. Durchschnittliche Wochenstundenbelastung der Kollegiaten . 51
   7. Die Lehrer des Oberstufen-Kollegs 52
   8. Rechts- und Verwaltungsform 54

V. Möglige Einwände gegen das Oberstufen-Kolleg
und Erwiderungen darauf 56
   1. Die Gefahren einer zu frühen Spezialisierung 56
   2. Die Gefahr einer schichten-spezifischen Anziehung
      oder Abschreckung durch den direkten Bezug des Kollegs
      auf die Hochschulausbildung 57
   3. Die Gefahr von Fehlentscheidungen aufgrund mangelnder
      Prognostik oder Entscheidungskriterien 59
   4. Die Gefahren der Wahlfreiheit und der Wahllenkung . . . 60
   5. Die Gefahr einer Schmälerung und Entmaterialisierung
      der Grundstudien 61
   6. Die Gefahr einer Festlegung der Wissenschaftspropädeutik
      der Tertiärstufe auf die gegenwärtigen universitären Studien
      ohne Berücksichtigung möglicher anderer Entwicklungen . . 62
   7. Die Gefahren des Losverfahrens bei der Aufnahme 64
   8. Gefahren für die Struktur der Lehrerschaft 64
   9. Die Gefahr eines Mißbrauchs des Oberstufen-Kollegs
      für eine restriktive Hochschulpolitik 65
  10. Gefahren für die Entwicklung des Experimentalprogramms
      mit Gesamtschuloberstufen 66
  11. Die Gefahr einer Verschärfung des Stadt-Land-Gefälles
      und/oder einer erheblichen Erhöhung der Kosten für die
      öffentliche Hand 66
  12. Die Reform der Grundstudien durch die hierfür kompetente
      Hochschule und die Reform der allgemeinen Vorbereitung
      darauf durch die hierfür zuständige Höhere Schule machen
      ein Oberstufen-Kolleg überflüssig 67
  13. Die Schwierigkeit, den Wehrdienst unterzubringen . . . 68
  14. Die Schwierigkeit, das Oberstufen-Kolleg in das
      internationale System einzufügen 68

VI. Der Experimental- oder Forschungsvorgang 70
   1. Vorbemerkung zur Sache 70
   2. Vorbemerkungen zur Methode 72
   3. Curriculum-Forschung 74
      3.1. Curriculum-Forschung und -Entwicklung 74
      3.2. Curriculum-Evaluation 76
      3.3. Organisatorische Voraussetzungen der
          Curriculum-Evaluation 81
   4. Innovationsforschung 82
   5. Institutionsforschung 83

VII. Schlußbemerkung 85

Anhang: Rahmen-Flächenprogramm für das Bielefelder Oberstufen-Kolleg 87

Vorwort

Mit dieser Schrift beginnen die Aufbaukommissionen der Schulprojekte der Universität Bielefeld, Dokumente zu ihrer eigenen Arbeit vorzulegen. Später werden die Mitglieder der beiden aus dieser Arbeit hervorgehenden Einrichtungen, der Laborschule und des Oberstufen-Kollegs, die Reihe mit Berichten über laufende und abgeschlossene Untersuchungen und Experimente fortsetzen. Noch ist für niemanden absehbar, welche Personen (Schüler und Lehrer, Projektleiter und Beobachter, Lehramtskandidaten und Ausbilder) über welche Dinge berichten werden, welches unser Publikum sein wird, in welcher Form wir es am besten erreichen, wie lang die Geduld des Verlages mit uns währen kann. Es *sollen* sich Möglichkeiten entwickeln können, die nicht geplant waren. Jedes von uns aufgestellte Programm ist vorläufig; nur die Grenzen der Vorläufigkeit müssen fairerweise bestimmt werden. Dieses Vorwort hütet sich also, die zu Beginn einer Schriftenreihe üblichen Versprechungen zu machen. Aber eines ist gewiß: daß der wissenschaftliche und politisch-öffentliche Charakter der Schulprojekte von uns fordert, daß wir Rechenschaft geben – und dies sowohl für die Experten wie für die interessierten Laien. Gewiß ist auch: daß vieles anders und das meiste unvollkommener ausfallen wird, als es in den ersten Entwürfen, ja in der theoretischen Darstellung überhaupt erscheint. Es gibt kein Mitglied der Aufbaukommissionen, dem nicht schwindelte bei dem Aufgabenkatalog, den wir uns allein hinsichtlich der einen Aufgabe zusammengestellt haben – der bildungspolitischen und wissenschaftlichen Gemeinnützigkeit der beiden Unternehmen. Wissenschaft und Politik haben ihre eigenen Systemzwänge. Halbe Wissenschaftlichkeit ist keine Wissenschaftlichkeit oder schlimmer als keine. Und wer den Politikern nicht sagt, was sie just auch noch hören wollen, dem hören sie u. U. überhaupt nicht zu. Kein Wunder also, wenn die Aufgabenkataloge so überwältigend geraten! Dabei sind Wissenschaft und Politik, also das, was sich unter den „Allgemeinen bildungspolitischen Auftrag der Schulprojekte" (Kap. I) bringen ließ als „unser Beitrag" für das kulturpolitische Programm des Landes, für die Ausbildungsreform in der Bundesrepublik im ganzen, für einzelne andere Schulversuche, wirklich allenfalls die eine Hälfte dessen, was die Mitglieder der Aufbaukommissionen jetzt und die Schüler und Lehrer später zu diesen Projekten treibt.
Eigentlich wollen wir als Lehrer und als Schüler das Lernen des Lebens sinnvoller, menschlicher, vergnüglicher machen, aus „Schule", „Instruktion" und „Erziehung" eine Möglichkeit des „growing up with sense" hier und jetzt. Diese Absicht, die keinem Pädagogen fernliegen dürfte, deutet jedoch an, daß vieles davon gar nicht so leicht in feste, allgemein beschreibbare Formen einzufangen sein wird, daß nur ein Teil von allem, was wir tun, „Erkenntnis" und ein noch

kleinerer „Institution" werden wird. Kurz: caveat lector – es steht in den Schriften nicht alles, was an den Schulprojekten, gottlob, auch geschieht, und darum wirkt der Bericht oder das Dokument vielleicht monströser oder lächerlicher oder wichtiger, als es ist. Sodann, weil wir viele sind, werden unsere Veröffentlichungen auch sehr verschiedene Handschriften tragen und manchmal leider gar keine, sondern in standardisiertem Pädagogen-Undeutsch verfaßt sein. Wo sich Autoren identifizieren lassen, werden wir sie nennen; wir hoffen, daß es möglichst oft einzelne sind, die das Gemeinsame verarbeitet haben, öfter jedenfalls als Kollektive, die das Individuelle in sich verschlucken.

Für die Publikation der Schriften wird es eine „Schriftenreihe der Schulprojekte Laborschule/Oberstufen-Kolleg" geben, die im Offset-Verfahren und in verschieden hoher Auflage vervielfältigt wird, sich also dem absehbaren Kreis von Experten und Interessenten anpaßt. Es gibt daneben Sonderpublikationen, die ein größeres Publikum erreichen und für ihre Sache gewinnen wollen; sie sind in eine andere Reihe des Ernst Klett Verlages aufgenommen, bleiben aber durch den Aufdruck „Sonderpublikation zur Schriftenreihe der Schulprojekte Laborschule/Oberstufen-Kolleg" und die mit der Schriftenreihe gemeinsame Farbe dieser deutlich zugeordnet. Auf diese Weise möge jedes Erzeugnis seinen Leser zu seinem Preis (und in seiner „Sprache") finden! Politiker und Lehrer, Schulverwaltungen und Universitätspädagogen freilich sollten zunächst immer annehmen, daß eine Schrift in dieser Reihe sie angeht, und sei es, damit sie die Fehler vermeiden oder die Torheiten bezeichnen können, die man bei einer „gründlichen" Erneuerung nicht machen sollte. Freilich hoffen die Herausgeber, daß die Schriften mehr Hilfen und Anregungen als Warnungen und Verhinderungen bieten oder doch Verhinderung von Fehlern, die sie selbst *nicht* enthalten. Vor allem aber sollten die verschiedenen Gruppen den Zusammenhang von Problemen mitdenken lernen, wie sie das in ihren etablierten, wohlabgegrenzten Zuständigkeiten sonst nicht zu tun genötigt sind: Fragen der Architektur und der Rechtsverfassung, der wissenschaftlichen Selbstkontrolle und der Neubestimmung der Gegenstände, der Lehrerbildung und der Kulturpolitik im ganzen, der Kostenersparnis und des Verhältnisses zur Öffentlichkeit, zur Gesellschaft. Diesen Zusammenhang zu sehen und zu bedenken ist man in Bielefeld durch die Umstände und Absichten der Neugründung gezwungen, und das gibt den Mut zu einem weiteren Ausblick, den man Dritten mitteilen kann und will. Die hier vorgelegte Schrift z. B. sollte den Politikern Mut machen, in ihren Reformen weiter zu gehen, als die jeweils gängigen Vorstellungen vom „Fortschritt" dies fordern oder decken. Lösungen wie zwei- oder dreijährige Kollegs, die mit dem Abitur enden, Fachoberschulen, Fachhochschulreifen, Arbeitslehre, Niveaukurse, oder Ungelöstes wie der Streit um den Ein-Fach-Lehrer, die sechs- oder achtsemestrige Studiendauer und dergleichen mehr erscheinen sehr klein und halbherzig, wenn man über die gewohnten Institutionen hinaus auf die Gründe der jeweiligen Krise denkt und auf die tatsächlich möglichen Veränderungen blickt. Möglichst genaue Analyse der Probleme und möglichst praktische, praktikable

Antworten – dazu nötigt uns die Bielefelder Gründungsprozedur. Wer Schulen im freien Raum der Wissenschaft und zugleich in der Realität der Gesellschaft aufbaut, muß einfach beides tun – unabhängig nach- und ausdenken *und* so handeln, daß es nachvollziehbar, annehmbar und bezahlbar bleibt.

Ausdrücklich sei an dieser Stelle noch einmal den Mitarbeitern dieses Heftes gedankt: Ottomar Gottschalk für die Organisation unserer Planungsarbeit, Bernhard Dittrich, Wolfgang Harder, Ludwig Huber, Ulrike Pampe für die Aufstellung des Flächenprogramms, Christoph Oehler für die allgemeine Kapazitätsberechnung, Diether Hopf für die methodologische Präzisierung des Auswertungsplanes, Dieter Wild für die wiederholte Überarbeitung des Tabellenwerkes, Hans-Herbert Wilhelmi für den Abschnitt über die Rechts- und Verwaltungsstruktur, Annegret Harnischfeger und allen genannten zusammen für Hilfe bei der Ordnung und Differenzierung der Argumente.

Einen Dank ganz anderer Art schulde ich Herbert H. Bernhardt, der als Vater von Kindern, politischer Bürger und Mann der Praxis beiden Schulprojekten von Anfang an nachhaltiges, uneigennütziges, forderndes und ermutigendes Interesse entgegengebracht und uns hartnäckig gemahnt hat, unsere Gedanken und Pläne zu publizieren. Möge er nicht nachlassen!

Bielefeld, den 1.1.1971 *Hartmut von Hentig*

I. Der allgemeine bildungspolitische Auftrag der Schulprojekte der Universität Bielefeld: Die Laborschule und das Oberstufen-Kolleg als „Curriculum-Werkstätten"

Eine wenn auch beschränkte Gesamtschule mit 660 Schülern zwischen 5 und 16 Jahren und ein Oberstufen-Kolleg, dessen rund 800 Kollegiaten ein gutes Stück ihres Hochschulstudiums absolviert haben werden, wenn sie das Kolleg verlassen – diese beiden Schulen *als Einrichtungen und Arbeitsprojekte einer Universität* sind in Deutschland neu. Neu ist auch die besondere Form der Curriculumforschung und -entwicklung, die an ihnen getrieben werden soll[1]. Beides, vor allem aber das letztere, soll hier anhand von drei Fragen kurz erklärt und begründet werden.
1. Warum brauchen wir „Curriculum-Werkstätten" (und können uns nicht mit Bildungsforschungsinstituten einerseits und Versuchsschulen andererseits begnügen)?
2. Welche Funktionen nehmen die beiden Bielefelder Schulprojekte als Curriculum-Werkstätten wahr – für die Forschung, für das Bildungswesen insgesamt, für die Öffentlichkeit?
3. Wie können die Ergebnisse zweier so besonderer Einrichtungen für die Reform normaler Einrichtungen nutzbar gemacht werden?

1. Warum brauchen wir Curriculum-Werkstätten?

Die Anpassung der Bildungseinrichtungen an die veränderten und sich weiter verändernden Verhältnisse — wie auch immer man sie diagnostiziert — wird immer schwieriger. Es geht nicht mehr um einmaliges „Aufholen" eines einmal Versäumten: Bildungsreform ist ein nicht abschließbarer Prozeß; entsprechend verlangen ihre wissenschaftliche Begründung und ihre Förderung
– *Institutionen*, die den *Prozeß* der Reform in sich selbst abbilden, den sie außerhalb ihrer selbst stimulieren sollen, die also das System der Bedingungen und Faktoren insgesamt zum Erprobungsfeld machen, von denen Veränderungen des Bildungswesens abhängen;

---

[1] Vgl. Hartmut von Hentig: *Curriculum-Reform als Gegenstand der Schule*. In: Wirtschaft und Wissenschaft, Januar/Februar 1970, S. 23 ff.

— *Forschung,* die sich als *Entwicklung* (von Modellen, Materialien, Strategien) vollzieht und ihren Fortschritt aus der sofortigen praktischen Erprobung ihrer Produkte ableitet *(development research)*[1].

Diese Entwicklung kann nicht in isolierten Großinstituten vonstatten gehen: bei der notwendigen Entwicklung von der Pädagogik zur Bildungsforschung besteht ständig die Gefahr, daß die wissenschaftliche Erkenntnis und die technischen Neuerungen der Wirklichkeit — der Verarbeitungskraft der betroffenen Personen und der Veränderungsmöglichkeit der betroffenen Institutionen — davonlaufen oder sich in der falschen Richtung bewegen. Die „Praktiker" fallen darum gegenüber dem Anspruch der Wissenschaft auf ihre sogenannte Erfahrung zurück, oder sie überlassen sich unkritisch dem, was sie für Fortschritt halten; auf der anderen Seite werden die nach einem *master-plan* entwickelten Curricula, wenn sie den für sie notwendigen Lehrer nicht vorfinden, sich deshalb entweder auf den willigen Unterrichtsbeamten einstellen oder *teacher-proof,* also lehrerunabhängig zu sein versuchen. Die Curriculumforschung muß sich vielmehr in Einrichtungen vollziehen, die die Bedingungen, unter denen neue Curricula realisiert werden sollen, selbst einbeziehen. Diese Einrichtungen müssen also „Schulen" darstellen, und Repräsentanten der „Lehrer" müssen an ihrer Arbeit beteiligt sein. Daß umgekehrt auch die Erziehungswissenschaft, wenn die Kluft zur praktischen Pädagogik sich nicht ständig erweitern soll, auf ein Erprobungsfeld in einer ihr unmittelbar verbundenen Schule angewiesen ist, ist früher ausführlich begründet worden[2].

Beiden Erkenntnissen entspricht es, daß ein großer Teil der amerikanischen und englischen Curriculum-Projekte in unmittelbarer und langfristiger Zusammenarbeit von Universitäten und einzelnen Schulen oder Schuldistrikten entwickelt worden ist. Die *laboratory schools* der großen Universitäten sind Zentren für die Verarbeitung wechselnder neuer Probleme im Bereich der Schule. Ihre Lehrer sind häufig zugleich Professoren an der Universität; die Professoren der Universität lehren ihre eigenen Kurse an der *laboratory school* und beziehen daraus das Bewußtsein von den didaktischen Problemen. Die neuen amerikanischen Education Laboratories und Educational Research and Development Centers halten es mit dem gleichen Prinzip[3].

An den Bielefelder Schulen soll daher die Möglichkeit der Schulforschung in der Schule durch die Lehrer erprobt und allgemein anwendbar gemacht werden: Lehrer werden an der wissenschaftlichen Diagnose, an der Aufstellung von Zielen, an deren Operationalisierung, an der Erprobung ihrer Entwürfe und an

---

[1] Vgl. zu dieser Konzeption den Entwurf für die Curriculum-Arbeit der Bielefelder Schulprojekte H. von Hentig: ebd.
[2] Vgl. H. von Hentig: *Universität und Höhere Schule.* Gütersloh 1967.
[3] Vgl. Francis S. Chase: *The National Program of Education Laboratories. Report of a Study of Twenty Education Laboratories and Nine University Research and Development Centers. Final Report.* Washington: US-Government Printing Office, 1968 (Department of Health, Education and Welfare, Office of Education).

der kritischen Rückkoppelung beteiligt, und dies in der Realität einer Schule „mit Kindern".
Andererseits kann Curriculumforschung und -entwicklung nicht einfach in „Versuchsschulen" vor sich gehen. Versuchsschulen sind meist auf die Erprobung *einer* speziellen Veränderungsmöglichkeit angesetzt (ein besonderes Vorschulmodell, individualisierte Instruktion, Verbindung von theoretischem und praktischem Unterricht, fachlichen und politischen Arbeiten u. ä.); darauf sind sie nach Anlage und Stellenplan zugeschnitten. Die Bielefelder Schulen sollen demgegenüber für immer neue Probleme und für die Erprobung des ganzen Spektrums denkbarer und in den kommenden Jahren von der Erziehungswissenschaft entwickelter Erneuerungen offen sein; sie sollen nicht jeweils nur einen Teil des Systems (*eine* Unterrichtsform, *ein* Fachcurriculum), sondern die Wechselwirkung zwischen verschiedenen Teilen des Systems und ihren jeweiligen Veränderungen erproben, also sich insgesamt als Experiment verstehen.

2. Welche Funktionen haben die Curriculum-Werkstätten?

Beide Schulprojekte dienen als *Modell* für Reformen, die man zwar kennt, die man bisher aber entweder gar nicht oder nur isoliert oder unter ungeeigneten Umständen verwirklicht hat, so daß sie nicht voll zur Geltung gekommen sind.
An der Laborschule wird man beobachten können, wie sich teamteaching, Gruppenarbeit, Binnendifferenzierung, frühe und systematische Anleitung zu freier Wahl und Mitbestimmung, die verschiedenen Formen der freien Selbstkontrolle, die Einführung von programmierten Lehreinheiten, Tests, Medien im Verbund, neue Organisationsmodelle für die Raum-, Gruppen- und Zeiteinteilung, neue Fächerkombinationen, Projektarbeit und mit allem zusammen eine neue Rolle des Lehrers aufeinander und insgesamt auswirken und in welchem Verhältnis Aufwand und Ergebnisse zueinander und zu Bedingungen und Resultaten anderer Schulen stehen. Die Laborschule wird also Gelegenheit zu einer vergleichenden Systemanalyse geben.
Am Oberstufen-Kolleg werden die für alle Einrichtungen der sog. Sekundarstufe II geltenden Probleme des Übergangs von der allgemeinen Bildung zur spezialisierten Ausbildung, der Berufs- und Studienwahl, der Kriterien für die Fortsetzung der Ausbildung erprobt. Es wird damit zu einem kritischen Grundmodell für alle Einrichtungen der Kollegstufe, indem es bewußt die Schwierigkeiten der folgenden Stufe in sich aufnimmt und die Aufgabe, einen gemeinsamen wissenschaftspropädeutischen Kern[1] für alle Studien an einer künftigen Gesamt-

---

[1] Dieser gleichsam fachübergreifende Wissenschaftsunterricht wird am Oberstufen-Kolleg im sog. Ergänzungsunterricht entwickelt, vgl. hierzu unten S. 41 ff.

hochschule zu entwickeln, aufgreift. Darüber hinaus sind beide Schulprojekte Modelle für die wünschenswerte Zusammenarbeit von Schule und Hochschule.

Die beiden Schulprojekte bringen bestimmte Produkte hervor:

Einzelne Unterrichtseinheiten (*units*) verschiedener Länge, die im einschlägigen Unterricht aller anderen Schulen benutzbar sein sollen und dort eine Vorstellung von den veränderten Inhalten und Verfahren vermitteln. Sie erlauben den allmählichen Übergang zu immer größeren Lehreinheiten bis hin zu vollständigen Sequenzen und Kombinationen mit anderen Lehreinheiten in anderen Fächern;
— Lehrbücher, Lehrmaterialien, evtl. auch Lehrfilme, die auch über den normalen Lehrmittelmarkt verbreitet werden können;
— Entwürfe für durchgehende Lehrsequenzen mit einer bis in die einzelnen Lernsituationen hineinreichenden Operationalisierung und Anweisung zu ihrer Ausführung (*teacher's guide, teacher's training*);
— Unterrichts- bzw. Curriculumentwürfe für Altersstufen quer durch alle „Fächer", so daß ihre Inhalte miteinander übereinstimmen und, wenn man so will, zu einem Gesamtcurriculum konvergieren;
— Richtlinien und Materialien für die *inhaltliche* Differenzierung der Lehrgänge, wobei die Kleinheit der Einrichtungen der Aufstellung von neuen *organisatorischen* Differenzierungsmodellen bestimmte Schranken setzt;
— Aufstellung von Modellen für die wissenschaftliche Begleituntersuchung relativ kleiner Innovationsvorgänge, von Beobachtungsbögen für Unterrichtsbeobachtung, Arbeitshilfen für die Selbstkritik der Curriculumbenutzer usw.;
— Beschreibung, Analyse, Bewertung vorliegender Curricula, sowohl je für sich als auch in ihrem Verhältnis zueinander (wie weit sie z. B. miteinander verträglich/kombinierbar sind); im Falle ausländischer Projekte: Übersetzung und Adaptation von vorliegenden Angeboten[1];
— Auswertung der eigenen Produkte in Kooperation mit anderen Gesamtschulen oder Kollegs und Hochschulen, wobei nicht nur die meßbaren kognitiven Leistungen, sondern die Verhaltensänderungen und Interaktionsformen durch geeignete Beobachtungen ermittelt werden sollen.

Beide Schulprojekte werden als Ausbildungs-Institutionen und durch die Prozesse, die sie ermöglichen, für die anderen Bildungseinrichtungen von Nutzen sein:
Sie dienen als Instrumente der Forschung, und zwar der Universität insgesamt, der Pädagogik insbesondere, den beteiligten Verhaltenswissenschaften und den

---

[1] Eines der ersten Projekte der Laborschule wird z. B. die Adaptation und Erprobung eines Satzes von 7 Einheiten zur Einführung in die Sozialwissenschaften für 10- bis 12-jährige von Ronald Lippitt u. a. sein.

Disziplinen, die hier ihre fach- und stufenbezogenen Didaktiken entwickeln können: „von der Vorschule bis zur Habilitation". An diesen Einrichtungen und an ihren Entwicklungsprozessen gewinnt die Hochschule die Anlässe, das Interesse und die Beobachtungs- und Experimentiermöglichkeiten für eine neue Lern- und Vermittlungsökonomie.
Sie dienen den Lehramtskandidaten, die an der Universität ausgebildet werden, als Anschauungsobjekt und — über die Forschungsprojekte, die die universitären Disziplinen in den Schulprojekten durchführen — auch als unmittelbares Arbeitsfeld.
Sie ermöglichen Lehrern, die ein Kontaktstudium (z. B. am Zentrum für Wissenschaft und berufliche Praxis der Universität) absolvieren, ein „Praktikum" gleichsam an der Front der Schulentwicklung.
Gleichzeitig mit dem Durchlauf tüchtiger junger Lehrer, die nur einige Jahre innerhalb der beiden Schulprojekte verbringen und dann andernorts nach besseren Aufstiegsmöglichkeiten suchen werden, wirken sie als Multiplikatoren der Reformarbeit.
Das Oberstufen-Kolleg wirkt seinerseits in die Universität hinein; zum erstenmal hat eine Universität in ihren eigenen Mauern eine Konkurrenz zu den herkömmlichen Studienwegen eingerichtet; hierdurch — so darf man hoffen — wird der Anreiz zu didaktischen Reformen des Studiums erhöht und durch die Reform der Studiengänge eine Verkürzung der Ausbildungszeit erreicht.
Die Lehrer beider Schulprojekte, zumal aber die Lehrer des Oberstufen-Kollegs, nehmen Lehraufträge an der Universität wahr und importieren ständig Lernprobleme in die Wissenschaftsprobleme und umgekehrt. Sie helfen damit, die falsche Rangordnung innerhalb des Bildungssystems aufzuheben. Der Lehrerstand könnte selbstbewußter werden und dadurch anziehender. Die Lehrer, die in den akademischen Mittelbau abgewandert sind, dürften, wenn das Kolleg erfolgreich und verallgemeinert wird, für die Schule — die Kollegstufe — zurückgewonnen werden.

Beide Schulprojekte leisten außerdem so etwas wie einen Innovations-Dienst:

Sie zeichnen ihren eigenen Planungs- und Entwicklungsprozeß auf und veröffentlichen ihn; sie geben dabei ihre Schwierigkeiten, Umwege und Fehler ebenso bekannt wie ihre Kosten, Aufwendungen an Zeit, Personal- und Verwaltungshilfe. Sie ersparen anderen Einrichtungen dadurch die entmutigenden und falschen Anfängerschritte und stellen Muster für die Organisation der Selbstreform zur Verfügung[1].

---

[1] Im Ausland gibt es eine eigene Disziplin, die sich den Problemen der Innovation widmet. Am eindrücklichsten wird dies durch das Buch von Matthew B. Miles (ed.): *Innovation in Education*. New York 1964, dokumentiert.

Sie stehen der Regierung für Beratung bei der Ausarbeitung von Richtlinien zur Verfügung und übernehmen einzelne Forschungsaufträge von ihr.
Sie halten für Lehrer aller Arten aus gegebenem Anlaß Vorführungen ab und richten Kurse zur Einführung in ihre neuen Unterrichtsmittel und -verfahren während der Ferien ein.
Sie vermitteln den anderen Schulen Strategien zur selbständigen Herstellung, Abänderung, Fortsetzung solcher und ähnlicher Entwürfe, mit Darstellung der Kosten, der notwendigen Ausstattung, der rechtlichen Absicherungen oder Ausnahmegenehmigungen, der Verfahren und Anträge, durch die diese zu erlangen sind.
Der öffentliche Charakter der Schulen, ihre Zugänglichkeit und Öffentlichkeitsarbeit (Tagungen, Publikationen) können dazu beitragen, die Gesellschaft für die notwendigen Reformmaßnahmen aufgeschlossen zu machen und sie daran zu beteiligen.
Die Laborschule wird mit anderen Gesamtschulen des Landes kooperieren, das Oberstufen-Kolleg mit anderen Einrichtungen der Kollegstufe.
Die „Schriftenreihe der Schulprojekte Laborschule/Oberstufen-Kolleg" (vgl. oben S. 8), in der außer den wichtigsten Planungs- und Entwicklungsprozessen auch Einzelprobleme der Schulen behandelt werden (Schulverfassung/Mitwirkung der Eltern und der Öffentlichkeit/Architekturprobleme/Kostenvergleiche/Differenzierungsmodelle/Evaluationshilfen/Testdienst/Schulbibliothek/Mediothek/jahrgangsübergreifende Eingangsstufe/Wissenschaftspropädeutik usw.), ergänzt den Innovations-Dienst der beiden Schulen.

3. Sind die Ergebnisse dieser Schulprojekte auf andere Schulen übertragbar?

Die besonderen Bedingungen der beiden Anstalten (sie sind besser ausgestattet und haben eine durch die Forschungsarbeit der Lehrer bedingte günstigere Lehrer/Schüler-Relation; sie arbeiten mit einer Universität zusammen) legen den Einwand nahe: es werde wenig von den Ergebnissen dieser Schulen auf andere übertragbar sein (mit weniger reform- und forschungs-motivierten Lehrern; ohne äußere Hilfe; mit den üblichen erdrückenden Schülerfrequenzen; mit dem herkömmlichen Stoffdruck; mit einer auf normale Abschlüsse ausgerichteten Elternschaft).
Darauf wäre zu antworten:
Nur eine Schule mit einem gewissen Spielraum und wenigstens wie in einem „Labor" kontrollierbaren (noch keinesfalls „idealen") Bedingungen kann überhaupt weiterreichende Veränderungen hervorbringen, ohne daß diese gleich an den alten Verhältnissen und Einstellungen scheitern. Nur eine Lehrerschaft,

die von ihren Lehr- und Disziplinierungsaufgaben nicht buchstäblich an die Wand gedrückt wird, hat den Kopf frei für Alternativen. Nur indem an einer Stelle befähigte Lehrer versammelt und von den allgemeinen Bedingungen ausgenommen werden, um eine neue Verteilung der Aufgaben, Stoffe, Vorgänge vorzunehmen — also neue und praktikable Curricula zu machen —, besteht eine Hoffnung, daß der Schule langfristig auch hinsichtlich der Lehrerknappheit geholfen wird.

Die innerhalb der eigentümlichen Institutionen Laborschule und Oberstufen-Kolleg entwickelten Curricula oder curricularen Elemente müssen in einem zweiten Schritt auf die Situation der normalen Schulen transponiert werden. Es handelt sich also um ein zweistufiges Verfahren:
Zuerst werden die reinen Modelle hergestellt, um die Fragen und Probleme möglichst deutlich zu erfassen (z.B.: Kann man den Deutschunterricht im Sachunterricht aufgehen lassen? Kann die Wahldifferenzierung die Leistungsdifferenzierung wirklich ersetzen? Ist ein sinnvoller Unterschied zwischen Englisch als Pflichtunterricht und Englisch als Wahl-[Zusatz-]Unterricht zu machen? etc.);
sodann müssen die Materialien entweder, wenn das didaktisch verantwortbar ist, so abgewandelt werden, daß sie normalen Schulen zugemutet werden können, um dann in gemeinsamer Arbeit erprobt und weiter entwickelt zu werden; oder es muß in Einführungsveranstaltungen und Begleittexten das Verhältnis genau beschrieben werden, in dem sie zu Richtlinien, Stoffplänen, Unterrichtsorganisation und personeller Ausstattung der anderen Schulen stehen, und es muß die Vereinbarkeit mit diesen Bedingungen oder die Strategie zu ihrer Veränderung dargestellt werden.

Daß die Bielefelder Institutionen nicht den umfassenden Apparat, Einfluß und Spielraum eines zentralen Curriculuminstituts haben und ihrerseits nicht ganz frei sein können von den Bedingungen, denen Schulen nun einmal unterliegen (Rücksichten auf die Rechtslage, die Mentalität der Eltern, die Ausbildung der Lehrer, das Selbstverständnis der Wissenschaften), schützt die Schulprojekte besser als ein Institut davor, sich auf völlig unvergleichbare Entwicklungen mit unübertragbaren Ergebnissen einzulassen.

II. Der spezifische Zweck des Bielefelder Oberstufen-Kollegs

An der Universität Bielefeld wird ein besonderer Typ eines Oberstufen- oder hochschulbezogenen Kollegs eingerichtet, das die Oberstufe bisheriger Gymnasien und integrierter Gesamtschulen, also die vom Deutschen Bildungsrat sog. Sekundarstufe II (die Schuljahre 11 bis 13 allgemeinbildender Vollzeitschulen), mit der Grundstufe Wissenschaftlicher Hochschulen zu einer eigenen Einrichtung der „Tertiärstufe" zusammenfaßt. Das Bielefelder Oberstufen-Kolleg unterscheidet sich dadurch prinzipiell von anderen Einrichtungen z. T. gleichen Namens, in denen lediglich die Oberstufen der Gymnasien von ihren Mittelstufen abgetrennt sind, und auch von solchen Einrichtungen, die unterschiedliche Ausbildungsgänge der Sekundarstufe II zu einem „Kolleg" zusammenfassen, aber nicht in den folgenden Hochschul- oder Quartärbereich hineinragen. Die besondere Form des Bielefelder Oberstufen-Kollegs erklärt sich aus seinem spezifischen Experimentalauftrag: es soll in Kooperation mit der Reform-Universität Bielefeld eine Alternative zu dem bisherigen System entwickeln, wonach es eine scharfe Zäsur zwischen der allgemeinen Bildung und der wissenschaftlichen Spezialausbildung gibt, eine Zäsur, die obendrein mit der Entscheidung für ein bestimmtes Studium und damit meist auch für den Beruf zusammenfällt. Eine solche Alternative setzt nicht nur veränderte Organisationsformen, besondere Rechtsvorkehrungen und sowohl ein allgemeines öffentliches Interesse an einer solchen Lösung wie auch eine besondere Bereitschaft bestimmter Personen und Institutionen zu ihr voraus, sie bedarf vor allem langfristiger Experimente mit neuen Lernzielen, -inhalten, -verfahren, -materialien und -kombinationen. Aus eigener Kraft kann das Bielefelder Oberstufen-Kolleg dazu nur einen beschränkten und in dieser Beschränkung leicht mißverständlichen Beitrag leisten. Die notwendige Anlehnung dieses Experiments an eine vorhandene und starke Institution der „Quartärstufe" — eine wissenschaftstreibende, zur Selbstveränderung befugte und geneigte Einrichtung, die zugleich die Aufnahme der neuen Oberstufen-Kollegiaten in ihre eigenen Ausbildungsgänge garantiert — darf nicht heißen, daß die Bestimmung und Begrenzung dieses Kollegs prinzipiell und für alle Zeit „hochschulbezogen" lauten soll und daß die Hochschule dabei ihrerseits in ihren bisherigen Anforderungen, Ausbildungsaufträgen, Einteilungen und Kombinationen als Orientierungsmaßstab hingenommen wird. In Anbetracht der Entwicklung des Hochschulwesens auf regionale Gesamthochschulen hin und in Anbetracht vor allem der Tatsache, daß immer mehr Lebensbereiche wissenschaftlicher Analyse und Planung und die in ihnen Tätigen einer wissenschaftlichen Ausbildung bedürfen, ist die Zuordnung des Oberstufen-Kollegs zu einer Universität herkömmlichen Typs von vornherein als veränderlich anzusehen. Die Möglichkeit einer Öffnung des für Bielefeld einstweilen vorgesehenen Organisationsmodells zu anderen Einrichtungen der gleichen Ausbildungsstufe — z. B. zu den gegenwärtigen Fachschulen, Höheren Fachschulen und Fachhochschulen, den geplanten Gesamtschuloberstufen oder auch anderen Kollegs für Technik, Wirtschaft, Pädagogik, Sozialberufe und Entwicklungsländerarbeit — muß nicht nur denkbar, sondern auch praktisch gesichert sein. Der Initiator des Bielefelder Kolleg-Planes hat sich das Oberstufen-Kolleg stets nur als den Anfang eines Verbundsystems von Oberstufen-Kollegs gleichen Ranges, von gleicher Grundstruktur, mit gemeinsamer wissenschaftlicher und politischer Grundbildung und unterschiedlichen Spezialisierungen und Fortsetzungsmöglichkeiten bzw. beruflichen und wissenschaftlichen Zielpunkten vorgestellt[1]. Dieser Vorstellung entspricht auch die hier verwendete und zur Verallgemeinerung empfohlene Nomenklatur: Es gibt nach der Elementar- und Primarstufe (bis zum 10. Lebensjahr) eine Sekundarstufe, die mit dem 16. Lebensjahr endet; ihr folgt eine eigene Tertiärstufe, die je nach dem Ausbildungsgegenstand und der individuellen Lernintensität zwei bis vier oder auch fünf Jahre dauert; die Quartärstufe, die dann — in der Regel mit dem 20. oder 21. Lebensjahr — einsetzt, wäre durch ein Höchstmaß an Identität von Ausbildung und (spezialisierter) Berufstätigkeit, also durch *„learning by the job"* gekennzeichnet, in der Wissenschaft also durch Forschungsprozesse, an denen die Mitglieder der Universität alle gleichermaßen lernen.

Die Tertiärstufe, um deren besondere Begründung es hier geht, ist durch eine allen Ausbildungsgängen gemeinsame und etwa an der gleichen Stelle lokalisierte Schwierigkeit definiert: die notwendige allgemeine, und d. h. breite Wahlmöglichkeiten schaffende Bildung mit der notwendigen Spezialausbildung und der in ihr eingeschlossenen Entscheidung in ein Verhältnis zu bringen.

In unserem bisherigen Ausbildungssystem endete die Allgemeinbildung für die verschiedenen Berufs- und Sozialgruppen nicht nur an unterschiedlichen Stellen und enthielt unterschiedlich breit angelegte und unterschiedlich hoch theoretisierte Inhalte; all seine Ausbildungsgänge hatten auch ein Merkmal gemeinsam, das für die unterschiedlichen Berechtigungen, die sie erteilten, sehr viel nachhaltigere Folgen hat als die Schuldauer oder die Zahl der Gegenstände: alle drei „Säulen" — das Gymnasium, die Realschule, die Hauptschule — sind durch den gleichen absoluten Bruch zwischen dem Allgemeinen und dem Spezialisierten gekennzeichnet — und wie früh oder wie spät dieser Bruch liegt, *das* bestimmt das weitere Bildungsschicksal des einzelnen. Der in Abb. 1 (S. 20) rechts außen stehende gymnasiale Ausbildungstyp hat merkwürdigerweise alle Berufschancen der beiden anderen Ausbildungstypen auch, obwohl doch auch er viel „versäumt" hat — nämlich jegliche Spezialisierung; die beiden anderen dagegen haben nur diejenigen Berufschancen, die auf der von ihnen erreichten Ebene mit der

---

[1] Vgl. Hartmut von Hentig: *Systemzwang und Selbstbestimmung.* Stuttgart 1969 (2. Auflage), S. 178 ff.

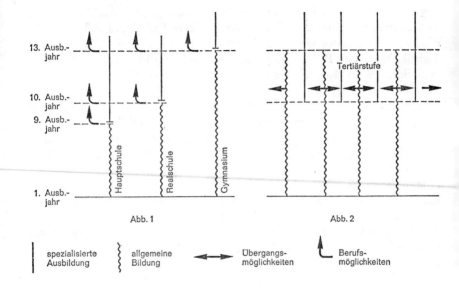

Abb. 1 Abb. 2

| spezialisierte Ausbildung | allgemeine Bildung | Übergangsmöglichkeiten | Berufsmöglichkeiten |

Spezialisierung einsetzen. Es wäre aber doch denkbar, daß auch der Architekt, der Mediziner, der Schulpädagoge, der Journalist schon hier mit seiner Spezialisierung beginnt, wie der Landwirt oder der Schlosser oder der Kaufmann es meistens tun. Dies muß nicht wünschenswert sein, aber es ist *möglich*, und es ist in anderer Hinsicht *nötig*: die Freiheit der Berufswahl bei zunehmender Arbeitsteilung und damit komplexerer und womöglich längerer Ausbildungsdauer wird nur aufrechtzuerhalten sein, wenn wir die Möglichkeit der Spezialisierung für alle Berufe früher bereitstellen und die Nötigung zur allgemeinen Bildung — zu Politik, Wissenschaftsmethodologie, Systemorientierung und -kritik — für alle sehr viel länger durchhalten, wenn wir also das in Abb. 1 gegebene System durch das in Abb. 2 schematisierte ersetzen.

Die Zone, in der sich auf Abb. 2 Spezialausbildung und allgemeine Bildung überlappen, konstituiert die „Tertiärstufe". Die spezifische und einigende Aufgabe aller Einrichtungen der Tertiärstufe wäre eben die Vermittlung von Überblick und Spezialisierung, von gemeinsamen Prinzipien, Methoden, Systemen und gesonderten Gegenständen, Teilaufgaben, Spezialverfahren, von Politik und Beruf, von Interdependenz, Kommunikation, Kooperation einerseits und der sie begründenden Arbeitsteilung andererseits; innerhalb dieses Schemas sind dann Wahl und Revision der Wahl, Erprobung der eigenen Möglichkeiten und Umlernen auf einen anderen Bereich möglich.

So, wie es Aufgabe der Primärstufe ist, an die neuen gemeinsamen und organisierten Lernformen der Schule heranzuführen, ohne die bis dahin erworbenen eigenen und eigentümlichen zu zerstören, und wie es Aufgabe der Sekundarstufe ist, dies mit den systematisierten Gegenstandsbereichen zu verbinden, so ist es Aufgabe der Tertiärstufe, die spezialisierten Tätigkeitsfelder[1] durch die allgemeinen Systeme zu erschließen und zu verbinden, wie es schließlich Aufgabe der Quartärstufe ist, diese Tätigkeitsbereiche — am Beruf selbst, in den dort geschaffenen Lernspielräumen — in ihrer notwendigen Detailliertheit lernbar zu machen.

Ein Gesamtsystem könnte dann so aussehen, wie es in Abb. 3 abstrahiert worden ist. Ein Absolvent eines „Pädagogischen Kollegs" könnte auf der Quartärstufe sowohl in eine Ausbildungseinrichtung des Entwicklungsdienstes wie an eine

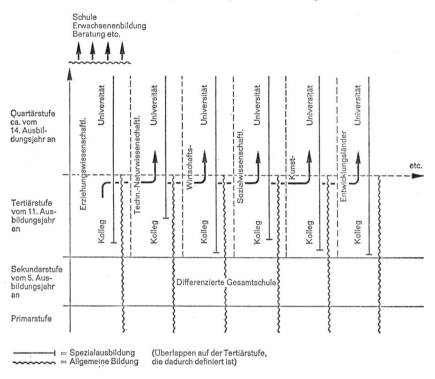

Abb. 3

---

[1] „Tätigkeitsfeld" ist ein in der Reformdiskussion viel gebrauchter und nur ungenau definierter Terminus; er ist zu verstehen im Gegensatz zu a) wissenschaftlichen Disziplinen und b) der herkömmlichen Berufseinteilung, die stark durch Hierarchien und Ausbildungsmerkmale bestimmt ist und nicht immer durch die gemeinsamen Tätigkeiten. „Tätigkeitsfelder" dagegen wollen diese zusammenfassen gleichsam unter einfachen Verben wie: verwalten, entwerfen, kaufen-verkaufen, herstellen (handwerklich, industriell, am Fließband, mit elektronischer Steuerung), reparieren, belehren, betreuen, assistieren etc.

Medizinische Universität gehen (um einen pädiatrischen Beruf zu erlernen) wie auch an einer Pädagogischen Universität Bildungsforscher oder Dozent einer Lehrerausbildungsstätte (einem Pädagogischen Kolleg) oder auch an einer Philosophischen Universität Geschichtslehrer zu werden. Es ist umgekehrt denkbar, daß ein Absolvent eines Technischen, Medizinischen, Entwicklungsländer-Kollegs sich entschließt, an einer Pädagogischen Universität weiterzustudieren, wenn sein Beruf dort liegt und besondere Vorkenntnisse im Bereich seiner Tertiärstudien fordert.
Es ließe sich einwenden: Wenn das Ziel die Ermöglichung eines durchlässigen und elastischen Gesamtsystems sei, in dem zugleich die heute noch geltenden Grenzen zwischen Ausbildung für „praktische Berufe" (*vocational training*) und Ausbildung für „theoretische Disziplinen" (*academic training*) soweit wie sinnvoll und möglich aufgehoben werden, dann könne ein auf akademische Disziplinen ausgerichtetes Oberstufen-Kolleg keine zukunftsweisende Entwicklungsarbeit leisten; es könne nur die bestehenden Einrichtungen und Gepflogenheiten verbessern (und werde sie damit vermutlich befestigen). Es müsse also ein Oberstufen-Kolleg, das als Curriculum-Werkstatt und Innovationsdienst fungieren solle, wenigstens einige exemplarische und besonders belehrende Beispiele dieser Grenzauflösung enthalten und von ihnen aus zur Erweiterung des solchermaßen gemischten oder „integrierten" Systems schreiten.
Dies ist es genau, was das Bielefelder Oberstufen-Kolleg vorhat. Es geht dabei von den anerkannten akademischen Fächern aus und nimmt sich deren immanenter praktischer Ausbildungsmöglichkeiten an. Es geht diesen Weg unverhohlen aus taktischen Gründen. Oberstufen-Kollegs könnten auch von den sog. praktischen Berufen her konzipiert werden; aber ihre Anerkennung als Einrichtungen der Tertiärstufe und die Hoffnung, daß ihre Ergebnisse von Einrichtungen der Quartärstufe honoriert werden, muß man einstweilen leider gering einschätzen. Jedenfalls können medizinische, technische, chemische Assistentenberufe, Dolmetscher, Ingenieure, Sozialarbeiter, kaufmännische Berufe, Entwicklungshelfer, Designer, Musiker u. a. m., die bisher über Fachschulen, Höhere Fachschulen und Fachhochschulen gegangen sind, ihren Weg mit sachlichem Gewinn über die Kurse des Bielefelder Oberstufen-Kollegs nehmen. Wieweit sie es tun *werden* und *wollen*, wird von dem Gelingen der didaktischen Integration abhängen. Die didaktische Integration wiederum wird mehr von dem Erfolg der Dreigliederung der Unterrichtsformen abhängen, die eine Art internes „sandwich-system" darstellt (vgl. Kap. IV, 5, S. 37), als von den im voraus gesetzten, herkömmlich konzipierten und bezeichneten Abschlüssen und Berechtigungen. Die ständige Orientierung der Reformen an dem überdauernden Berechtigungssystem zerstört ihre Erneuerungskraft und legt sie unversehens wieder auf die alten Inhalte fest. — Dreher und Textilarbeiter, Autofahrer und Friseure aber können und sollten auch dann nicht auf dieses Kolleg gehen, wenn sich eine theoretische Disziplin finden ließe, an die sie sich anlehnen können aus folgendem Grund:
Es ist wichtig, daß sich das Oberstufen-Kolleg der Integrationsaufgabe und

-problematik prinzipiell und aktuell bewußt ist — daß es sich dieses neue Ziel ausdrücklich stellt. Es ist ebenso wichtig, daß es sich hierbei nicht aus ideologischen Gründen übernimmt. So scheint vielen unter uns eine „revolutionäre Öffnung" der akademischen Ausbildung zu sämtlichen praktischen Tätigkeiten desselben Sachbereichs nicht schon wünschenswert und praktikabel, weil damit bestimmte Privilegierungen getroffen werden. Die Privilegierungen müssen anderwärts aufgehoben werden, nicht hier, wo die Ausbildungsqualität und damit die wahre Durchsetzungskraft des einzelnen auf dem Spiel steht. Man kann nicht Metallurgie und Bergmann, Technik und Schlosserei, Volkswirtschaftslehre und Einzelhandel, Biologie und Tierwärter, Jurisprudenz und Polizist, Architektur und Maurer in *einem* Lehrgang oder Verbund von Lehrgängen lernen, ohne beiden Laufbahnen zu schaden; man muß dafür sorgen, daß im Verlauf der Ausbildung über die gemeinsame Primar- und Sekundarstufe eine hinreichende Profilierung der mehr theoretischen und der mehr praktischen Möglichkeiten erfolgt und daß Theorie und Praxis innerhalb jeder Tätigkeit oder Aufgabe die gegenseitigen Schwierigkeiten nicht aus dem Auge verlieren. Eine Zusammenlegung der Ausbildung über die erste wirkliche Spezialisierung hinaus scheint innerhalb eines formalisierten Lehr- und Lernsystems nicht nur didaktisch schwierig, sondern praktisch undurchführbar: man wird so viele Werkstätten von zunehmender Eigenart gar nicht an einer Stelle haben können, wie es für die wirkliche Erfahrung der beruflichen Besonderheiten nötig ist; dies mag vielleicht nur vereinbar sein, wenn man zu einem System frei zu wählender Lerngelegenheiten in der gesellschaftlichen Wirklichkeit übergeht, wie es das Voucher-Projekt oder die *Learning-Opportunity-Bank* von Milton Friedman oder Christopher Jenks vorsehen[1]. Weil die Anforderungen an die „Spezialisierung" verschieden sind, muß es am Ende verschiedene Oberstufen-Kollegs geben, und weil die gegenwärtige Aufgabe in der Vorbereitung sinnvoller Aufteilungen liegt, kann das Bielefelder Kolleg nicht mit einer willkürlichen Zusammenlegung beliebiger Berufsstufen beginnen. Es wird sich eher auf die Abgabe von Disziplinen als auf weitere Aufnahmen von Tätigkeiten einstellen müssen. Es ist gut, das Bielefelder Oberstufen-Kolleg auf dem Hintergrund dieser allgemeinen Problematik und dieser Reformmöglichkeiten des Gesamtsystems zu zeigen, damit weder seine Mitglieder noch seine Kritiker die notwendigen Beschränkungen einer Übergangseinrichtung verkennen und gegenüber den weiterreichenden Absichten und Chancen der neuen Institution verfestigen. Im Rahmen einer so gedachten Entwicklung kann das Bielefelder Oberstufen-Kolleg nur einen bescheidenen, aber eben den für den Anfang wichtigsten Auftrag übernehmen: den Auftrag einer Curriculum-Werkstatt, in der Instrumente und

---

[1] The President's Advisory Committee (ed.): *Panel of Educational Innovation: Educational Opportunity Bank*, US-Government Printing Office, Washington D.C., o. J. Vgl. die kritische Darstellung dieses Systems durch Hartmut von Hentig: *Cuernavaca — oder: Alternativen zur Schule?*, Stuttgart 1971.

Material, Vorstellungen und Erfahrungen hervorgebracht werden, die das bisherige System praktisch kritisierbar und allmählich ablösbar machen. Die allgemeine Begründung wird in den Kapiteln III und V mit anderen Mitteln und in anderer Gründlichkeit fortgesetzt.

III. Allgemeine kulturpolitische Gründe für Versuche mit Oberstufen-Kollegs

1. Die horizontale Gliederung des Bildungssystems

In dem Maß, in dem aus anderen Gründen, die in der Auseinandersetzung um die Gesamtschule und nicht zuletzt im Strukturplan des Deutschen Bildungsrates wie in seiner Empfehlung zur *„Einrichtung von Schulversuchen mit Gesamtschulen"* (1969, S. 21—33) immer wieder ausführlich dargelegt worden sind, das bisher vertikal gegliederte Ausbildungssystem in ein horizontal gegliedertes umgebaut werden muß, wird eine Formalisierung der Stufen nötig, um bei zunehmender Differenzierung gleichwohl keine Sackgassen entstehen zu lassen. Eine „Stufe" ist dadurch gekennzeichnet, daß auf ihr das Verhältnis von Gemeinsamkeit und individueller Vielfalt der Ausbildung einheitlich organisiert und dadurch die horizontale Durchlässigkeit im höchst möglichen Maß gewährleistet ist.

Eine Stufe wird jeweils *nötig,* wo die einzelnen Ausbildungsmöglichkeiten sich so differenziert haben, daß sie — um die Kurse mit angemessener Teilnehmerzahl durchführen zu können — neu organisiert werden müssen. In anderen Worten: Wenn man die Einrichtungen der Sekundarstufe (für die hier verwendete Terminologie vgl. oben Kap. II, S. 19) nicht von einer weiter differenzierten Tertiärstufe trennt, werden sie entweder zu groß oder müssen zu stark dezentralisiert werden, oder die nicht gesondert organisierte Tertiärstufe bietet nicht die nötige Differenzierung. Eine Stufe wird aber auch jeweils *gefährlich,* wenn mit ihr unumkehrbare Entscheidungen verbunden sind. Darum ist das Bielefelder Oberstufen-Kolleg zunächst im Rahmen eines Experimentalprogramms und nicht als zu generalisierende Einrichtung konzipiert. Ob es sich für bestimmte Bevölkerungsschichten als abschreckend erweist, weil mit ihm eine Entscheidung nicht nur für bestimmte Ausbildungsinhalte, sondern auch für ein bestimmtes Ausbildungsniveau verbunden ist, oder ob es durch seine veränderte Didaktik auch für solche Gruppen attraktiv wirkt und so eine Förderungsfunktion erfüllt, muß sich erst im Experiment erweisen.

Der allgemeinen Vorstellung von einer horizontalen Gliederung zufolge würden auf die kleineren und stärker dezentralisierten Einheiten des Elementar- (4. und 5. Lebensjahr), des Primarbereiches (bis zum 10. Lebensjahr) und der Orientierungsstufe (bis zum 12. Lebensjahr) die größeren der Sekundarstufe (bis zum 16. Lebensjahr) und diesen wieder solche der Tertiärstufe folgen (Gesamtschuloberstufen, ein Verbund von Kollegs oder von Fachschulen, Höheren Fachschulen und Fachoberschulen), die ihrerseits in den Beruf oder in die zentralisierten Hochschulen der Quartärstufe münden[1].

2. Der Übergang von der allgemeinen Bildung zur Spezialausbildung

Die Arbeit in den spezialisierten Berufen und Hochschulen kann nicht mehr an undifferenzierten, „einseitig allgemeinbildenden" Schulen vorbereitet werden. Um den schwierigen Übergang von notwendiger allgemeiner Bildung zu notwendiger Spezialausbildung, verbunden obendrein mit der Berufs- und Studienwahl, didaktisch und organisatorisch zu bewältigen, müssen experimentelle Vorarbeiten an Einrichtungen geleistet werden, die für diese besondere Aufgabe ausgestattet und geeignet strukturiert sind: an den ausdrücklich auf die folgende Ausbildungsstufe bezogenen Kollegs. Solche Kollegs müssen die Schüler um der Spezialisiertheit und Differenziertheit ihrer Aufgabe willen trennen (vgl. unten 4). Die Notwendigkeit, einen solchen Übergang didaktisch und organisatorisch zu erleichtern, besteht in allen Ausbildungsbereichen, nicht nur hinsichtlich der wissenschaftlichen Studien. Die organisatorische und didaktische Zusammenfassung aller Ausbildungsgänge zwischen dem 11. und dem 14. Jahr zu einer formalisierten Kollegstufe ließe sich dadurch rechtfertigen, daß bei ihnen allen in diesem Abschnitt die allgemeine Bildung mit der Spezialausbildung überlappen kann und soll. Die einzelnen Ausbildungsgänge ließen bisher die allgemeine Bildung an unterschiedlicher Stelle — meist völlig — abbrechen und die

---

[1] Der Deutsche Bildungsrat hat bekanntlich eine andere Terminologie. Danach reicht die Sekundarstufe bis zum 12., 13. oder 14. Ausbildungsjahr (oder noch länger), jedoch nicht in den bisherigen Hochschulbereich hinein. Weil aber am Ende des 10. Schuljahres ein Einschnitt liegen soll, ist der Bildungsrat genötigt, eine Zählung innerhalb der Zählung zu beginnen und zwischen Sekundarstufe I und Sekundarstufe II zu unterscheiden. Die Sekundarstufe I endet mit dem 10. Schuljahr. Die Sekundarstufe II beginnt stets mit dem 11. Ausbildungsjahr, kann aber für die einzelnen Ausbildungsgänge verschieden lang dauern. Die Bezeichnung „Sekundarstufe" für beide Teilstufen soll dabei ausdrücken, daß die Sekundarstufe II mehr als die Fortsetzung des voraufgehenden Abschnitts und nicht so sehr als Vorstufe für den nachfolgenden anzusehen ist. Das Oberstufen-Kolleg und andere in gleicher Weise organisierte Kollegs sind dagegen ausdrücklich auf die folgende Ausbildungsstufe bezogen. Es liegt darum nahe, sie mit einer eigenen Numerierung als „Tertiärstufe" zu bezeichnen und damit sowohl von der voraufgehenden Sekundarstufe (I) wie von einer anschließenden Quartärstufe abzuheben (vgl. o. S. 19). Es ist wichtig, sich klarzumachen, daß die Ausdrücke Sekundarstufe II und Tertiärstufe nicht dasselbe bezeichnen und daß einstweilen auch das Wort „Kollegstufe" nur abgetrennte gymnasiale Oberstufen meint, bzw. Institutionen ohne Mittelstufe, die zum Abitur führen. Vor allem in England hat sich in letzter Zeit die Ausdrucksweise (*tertiary system* und *quartary system*), die hier vorgeschlagen wird, immer mehr durchgesetzt. Die Amerikaner kannten sie längst.

Spezialausbildung *danach* beginnen. Nach der herkömmlichen Dreiteilung lag für die praktisch orientierten Berufe der Einschnitt am Ende des 9., für die mittleren am Ende des 10. und für die theoretisch orientierten am Ende des 13. Ausbildungsjahres. Früheres Aussetzen der allgemeinen Bildung und späteres Einsetzen der Spezialausbildung entschieden darüber, ob man eine weiterführende Berechtigung erwarb oder nicht. Das Nacheinander von Allgemeinbildung und Spezialausbildung beeinträchtigt nicht nur die Chancengleichheit, es läßt auch ein wichtiges Lernziel unberücksichtigt: das bewußte Beziehen der allgemeinen Kenntnisse und Fertigkeiten auf die vom Beruf bestimmten besonderen Tätigkeiten; davon abgesehen, daß die allgemeinen Kenntnisse und Fertigkeiten auf einer relativ unentwickelten Stufe „abgeschlossen" werden (vgl.S.20).
Wenn einmal die Spuren dieses falschen Einschnittes in allen Ausbildungsbereichen einem gleitenden Übergang gewichen sind, worum sich auch die herkömmlichen Schulformen, jedoch unter nachteiligen Bedingungen, bemühen, werden auch die Querverbindungen erleichtert, die auf der Tertiärstufe einstweilen nur in einem System integrierter Gesamtschuloberstufen voll realisierbar sind.
Ein Verbundsystem integrierter Gesamtschuloberstufen läuft praktisch auf das Verbundsystem von Kollegs hinaus, wie es als Hintergrund für das Bielefelder Oberstufen-Kolleg konzipiert worden ist. Der Name „Gesamtschule" (also auch in der Verbindung „Gesamtschul"-Oberstufe!) sollte solchen Einrichtungen vorbehalten bleiben, die alle Kinder eines Wohnbezirks ungeachtet ihrer Berufswünsche und Begabungen zusammenfassen — genaugenommen in *einem* Gebäude (*„under one roof"*, wie James B. Conant zu fordern nicht müde wurde). Das Verbundsystem von Gesamtschuloberstufen setzt die Trennung der Schüler voraus. Da die dann entstehenden Teiloberstufen notwendig nach Berufsgruppen organisiert sein werden, ist auch nicht zu sehen, wie sie mit gleichen Abschlüssen, gleicher Dauer und vor allem in kleineren Städten zurechtkommen werden. Eine wirkliche Konkurrenz zwischen einem sogenannten Gesamtschuloberstufen-System und einer einheitlich organisierten Tertiärstufe im Sinne des Bielefelder Planes wird es daher in Wirklichkeit vermutlich nicht geben. Das erstere sieht nur etwas „fortschrittlicher" aus, muß aber diejenigen, die an die Fortsetzung von „Gesamt"-Schule bis zum Ende der Sekundarstufe II im Sinne des Bildungsrats glauben, letztlich enttäuschen.

3. Die Ineffizienz des bisherigen Abiturs

In einem Verbundsystem in sich gegliederter mehrjähriger Kollegs entfiele auch das punktuelle und einheitliche Abitur, das in seiner gegenwärtigen Form — als generelle Hochschulberechtigung — den Zugang zu den Wissenschaftlichen Hochschulen und zumal zur Universität nicht mehr sinnvoll regelt und folglich auch nicht mehr garantiert, während gleichzeitig die Kultusverwaltungen immer neue Berechtigungen für fachgebundene Hochschulreifen zu schaffen genötigt sind. Das hiermit bezeichnete Problem ist nicht ausschließlich eine Folge des Massenandrangs zu den Höheren Schulen; der Massenandrang macht vielmehr ein Problem besonders sichtbar, das in diesem Jahrhundert schon immer mit dem Abitur verbunden war: Das Abitur schließt die Phase der ausschließlich allgemeinen Bildung zu spät ab und mündet zu unvermittelt vor den spezialisierten Anforderungen der (weithin unpädagogischen und gelegentlich sogar antipädagogischen) Fachdisziplinen. Die Universitäten und Wissenschaftlichen Hochschulen sind jedoch die einzigen Einrichtungen, die — im Zeitalter der durchgehenden Spezialisierung aller Tätigkeiten — einen jungen Menschen von 21 oder 22 Jahren ohne jede Berufsvorbildung und -erfahrung aufzunehmen bereit *und* verpflichtet sind. Wer das bisherige Abitur macht, ist nicht nur „berechtigt", er ist geradezu gezwungen zu studieren.

Dies ist die Folge eines Abiturs, das eine *„allgemeine Hochschulreife"* attestiert, die es im Hinblick auf die differenzierten Aufgaben und Gliederungen der Hochschule nicht geben kann, und dies in einem Stadium der Ausbildung, in dem sehr viel Spezialisierung schon gelernt sein könnte und müßte. Das deutlichste äußere Kennzeichen der Ineffizienz des Abiturs ist sein in vielen Untersuchungen nachgewiesener niedriger Voraussagewert für den Studienerfolg.

4. Die Vorbereitung auf die Berufs- oder Studienwahl

Der schwerste Mangel im gegenwärtigen Verhältnis von Schule und Beruf und Hochschule liegt in der fast vollständigen Ausklammerung des Problems der Berufs- und Studienwahl.
Diese Ausklammerung geschieht
— durch Vorwegnahme der Entscheidung, indem die Hauptschule nur in die sogenannten praktischen Berufe, die Realschule nur zu „mittleren" Abschlüssen und Laufbahnen, das Gymnasium „nur" zum Abitur führt; man muß sich spätestens zu Beginn der drei Anstalten für die eine oder andere Laufbahnkategorie entscheiden, weil dort die Weichen gestellt werden; die Wahl herbeizuführen und sinnvolle Voraussetzungen für sie zu schaffen wird von den einzelnen Schulen nicht für ihre Aufgabe gehalten; die Wahl wird vielmehr vorausgesetzt;
— im Falle des Gymnasiums obendrein dadurch, daß seine rund 15 Fächer alle weiterführenden Ausbildungsmöglichkeiten zu enthalten behaupten, so daß eine Wahl vor dem Eintritt in das Studium nicht nötig ist und folglich auch auf dieser Schule nicht vorbereitet werden muß.

Die Wahl des Studiums oder Berufs wird also außerhalb des Schulsystems und

ohne seine Hilfe vorgenommen. Damit versäumt die Schule eine ihrer wichtigsten und schwierigsten Aufgaben. Es kommt in Zukunft darauf an, die Entscheidung für den Beruf oder das Studium nicht zwischen zwei Institutionen fallen zu lassen, sondern sie in eine dafür eigens ausgestattete Einrichtung aufzunehmen — hinsichtlich der Studienwahl also in eine Einrichtung der Tertiärstufe. In ihr muß
— die Entscheidung für den Beruf oder das Studium real vollzogen werden, nicht nur beredet und „vorbereitet";
— die Revision der Entscheidung offengehalten werden, indem die Ausbildungsschwerpunkte innerhalb der Einrichtung zeitlich und sachlich elastisch organisierbar sind und alle Einrichtungen derselben Stufe (das sind wiederum Gesamtschuloberstufen, Kollegs, Fachschulen und Fachoberschulen) innerhalb der gleichen Modellvorstellung eine gemeinsame curriculare Basis und Organisationsform haben und reguläre Übergangs- oder Brückenkurse führen;
— die Einführung in das Fachstudium nach didaktisch sorgfältig ausgearbeiteten und erprobten Plänen vor sich gehen, die den Wahlvorgang vorbereiten, vollziehen, kritisieren und kontrollieren helfen.
Die Gesamtschuloberstufe verspricht diese Probleme durch ihren Organisationsplan und ihre veränderte Didaktik zu lösen. Es empfiehlt sich jedoch, die Fülle der hier anfallenden Aufgaben arbeitsteilig anzugehen und so z. B. für die spezifischen Probleme des Übergangs von der allgemeinbildenden Sekundarstufe in die Phase der wissenschaftlichen Studien eine Einrichtung zu schaffen, in der diese Probleme — isoliert von anderen — untersucht und Lösungen unter geeigneten Bedingungen praktisch erprobt und ausgewertet werden können, zumal der bestehende Engpaß bei den Wissenschaftlichen Hochschulen auf schnelle Abhilfe drängt. Es wäre verhängnisvoll, wenn diese Abhilfen getrennt von denen der Sekundarstufe gesucht und institutionell verfestigt würden.

5. Das Fehlen einer Didaktik des spezialisierten Grundstudiums

Zu den hier anstehenden Problemen gehört in erster Linie die Entwicklung einer Didaktik des Anfangs- oder Grundstudiums. Diese wird nicht durch die sogenannte Auflockerung der Oberstufe und die bloße Vermehrung des Angebots ersetzt.
Die Universität oder Wissenschaftliche Hochschule ist mit der spezialisierten Erforschung von Sachverhalten und den dazugehörigen Erkenntnismethoden beschäftigt; sie hat die Erforschung der außerhalb davon liegenden Voraussetzungen ihrer Arbeit bisher nicht oder nur unvollkommen betrieben. Die Voraussetzungen, die in ihrem Verhältnis zur Gesellschaft einerseits und den Lernprozessen andererseits liegen, sind ihr nicht nur weitgehend unbekannt, sie hat ihre Einbeziehung in ihre Arbeit bisher als Pädagogisierung der Wissenschaft abgelehnt.

Die Schule dagegen erliegt entweder den Erwartungen der abnehmenden und prestige-höheren Institution, oder sie verfehlt gerade mit ihren richtigen didaktischen Vorstellungen und Vorbereitungen die falschen didaktischen Verhältnisse des Anfangsstudiums an der Massenhochschule. Sie ist überdies nicht mit dem nötigen Spielraum für eine selbständige wissenschaftliche Erforschung ihrer didaktischen Aufgabe versehen.

Schule und Universität müssen darum durch eine institutionelle Verschränkung ihrer Interessen zur Zusammenarbeit genötigt werden. Sie müssen das Verhältnis von *allgemeiner Bildung* und *Spezialausbildung*, von *Schulunterricht* und *Wissenschaftsdisziplin*, von *Praxis* und *Theorie* der Wissenschaftspropädeutik gemeinsam verantworten, die Lernziele für die einzelnen Ausbildungsetappen und die Formen der Lehrerbildung gemeinsam erforschen, das wissenschaftliche Wissen gemeinsam so strukturieren, daß es brauchbar und lernbar zugleich ist.

Diese Zusammenarbeit ist zunächst an einem Oberstufen-Kolleg — an der Stelle der unmittelbarsten Berührung der bisher getrennten Bereiche — zu institutionalisieren. Die Bestimmung der Aufgaben eines hochschulbezogenen Kollegs und der Ausbildung seiner Lehrer wird zugleich zu einem Anlaß, Wissenschaftsdidaktiken zu entwickeln, die die Voraussetzung für Schuldidaktiken und Hochschuldidaktiken sind.

6. Die Entwicklung des uneinheitlich gewachsenen Hochschulwesens zu einer geplanten „integrierten" Gesamthochschule und die Notwendigkeit gemeinsamer wissenschaftsdidaktischer Strukturen

Die zunehmende Abhängigkeit der gesellschaftlichen Prozesse von einem differenzierten und flexiblen Nachwuchssystem macht das alte Hochschulwesen mit seinen getrennten, auf Autonomie und Selbstverwirklichung bedachten Einheiten zu einer ständigen Quelle schwerer gesellschaftlicher Krisen. Wenn die Gesellschaft die Lehr- und Forschungsfreiheit der Hochschulen und die Studierfreiheit der Studenten erhalten *und zugleich* ihren Nachwuchs sinnvoller regeln will, muß sie die Hochschulen zu wirksamer gemeinsamer Planung veranlassen. Dabei genügt es aber nicht — auch nicht zur Lösung der gegenwärtigen Massenprobleme —, wenn die vorhandenen Hochschulen, im Zuge ihrer Erweiterung, organisatorisch zusammengeschlossen und in ihrem Status äußerlich aneinander angeglichen werden. Zwar besteht ein Teil der derzeitigen Kapazitätskrise darin, daß die Hochschulen sich den Abiturienten in ungleicher Weise, mit ungleicher Deutlichkeit, ungleicher Werbekraft, ungleichen Chancen und Risiken präsentieren, aber die bloße Vereinheitlichung der Verwaltung, der Zugangsbedingungen, der Titel, Privilegien und Satzungen lösen diese Probleme nicht. Die Studenten werden auch in der Gesamthochschule nicht beliebige Studiengänge wählen können und *zugleich* eine gesicherte Aussicht auf ordentliche Ausbildungsverhältnisse und einen zukunftsreichen Beruf haben. Ihre Freiheit wird zunehmend darin bestehen, daß die erworbenen Kenntnisse und Fertigkeiten vielseitig verwendbar, kombinierbar, umstellbar und fortführbar sind und daß sie selbst eine Orientierung über andere Studien- und Berufsmöglichkeiten erhalten haben, die ihnen auch inhaltlich zugänglich gemacht worden sind. Nicht also wie sich die innerlich unveränderten Hochschulen äußerlich darstellen, sondern wie die Lehre und ihr Verhältnis zu Forschung und Praxis qualitativ beschaffen ist, wird über den Sinn und die Wirksamkeit der Gesamthochschule entscheiden. Es wird z. B. darauf ankommen, welche Kenntnisse und Fertigkeiten sie voraussetzen, welche Kenntnisse und Fertigkeiten sie selbst vermitteln, welche Kurse voraussetzungslos gelehrt werden können, welche unterschiedlichen didaktischen Typen bei gleicher Zielsetzung, welche gleichen Veranstaltungen bei verschiedener Zielsetzung entwickelt werden können, welcher Zeitaufwand getrieben, welcher Bezug zur Praxis hergestellt wird etc.

Alle Institutionen, die bisher getrennte Ausbildungsgänge auf der Tertiärstufe neu zusammenfassen, versprechen eine größere horizontale Mobilität zu bewirken, zumal die integrierte Gesamtschuloberstufe. Die Einrichtung von Oberstufen-Kollegs gleichsam quer zu den bisherigen Organisationsmodellen wird die Notwendigkeit didaktischer Veränderungen zum Zwecke einer realen Durchlässigkeit besonders deutlich sichtbar und systematisch beantwortbar machen. Die vielfältigen Einrichtungen der Tertiär- und Quartärstufe werden dadurch veranlaßt, nicht ihre rivalisierenden historischen Vorstellungen von sich selbst zu pflegen, sondern an einem neutralen, neuen Modell gemeinsame Organisations- und Arbeitsmuster zu erproben und so die integrierte Gesamthochschule inhaltlich erst zu ermöglichen.

Dieses Argument spricht in erster Linie für ein Experimentalprogramm mit mehreren Oberstufen-Kollegs, die auf verschiedene Typen Wissenschaftlicher Hochschulen bezogen sind. Es wäre erfreulich, wenn andere Universitäten und Hochschulen dem Beispiel der Universität Bielefeld folgten und spezifische Oberstufen-Kollegs einrichteten und mit ihrer besonderen Kompetenz unterstützten.

7. Jugendpsychologische Gründe

Es erweist sich heute überall als problematisch, die Jugendlichen in derselben Institution unter den gleichen Ordnungen und Umgangsformen zu halten wie die Jüngeren. Eine Zäsur sollte dort liegen, wo die schulentlassene Jugend durch ihren Eintritt in den Beruf eine größere Selbständigkeit erhält und wo die weiter zur Schule gehenden Jugendlichen schon jetzt zu einem selbständigeren Lebensstil übergehen, z. B. in der Öffentlichkeit rauchen dürfen oder einen Führerschein erwerben können. Die Verselbständigung der erweiterten Oberstufe ist aber vor allem nötig, um den Kollegiaten eine möglichst große und deutlich umrissene Mitbestimmung einräumen zu können. Die Mitbestimmung ist hier kein pädagogisches Mittel und kein bloßes Zugeständnis an „zeitgemäße Forderungen" der Oberstufen-Schüler, von deren Aktivität man die Mittelstufen-Schüler auf diese Weise zugleich isoliert, es gehört vielmehr zur wissenschaftlichen Arbeitsform, daß die Entscheidungen, die in den Forschungs- und Lernprozeß eingehen, mitvollzogen und dadurch verstanden und mitverantwortet werden. Will das Oberstufen-Kolleg in die Wissenschaft einführen, dann darf es diesen Teil des Wissenschaftsprozesses nicht der Rücksicht auf die einheitliche Anstaltsordnung für Schüler zwischen 10 und 19 Jahren opfern.

IV. Strukturmerkmale:
Organisation und Inhalte des Oberstufen-Kollegs

1. Dauer und Kurssystem

Das Oberstufen-Kolleg beginnt mit dem 11. Ausbildungsjahr und führt zu einem Abschluß in der Regel am Ende des 14. Der Unterricht ist als ein System von Kursen organisiert. Die einzelnen Fachgebiete werden unterschiedlich lange Einführungsfolgen anbieten, etwa die Kurse I und II in Spanisch oder I, II und III in Ingenieurwissenschaften oder nur I in Biologie. Im dritten und vierten Studienjahr dagegen wird es keine abfolge- oder jahrgangsgebundenen Kurse mehr geben. Wer seinen Studienschwerpunkt also im dritten oder vierten Jahr wechselt, tritt — wo nicht besondere Umstände vorliegen — in die Bedingungen des zweiten Studienjahres zurück. Die Gesamtdauer der Studien eines Kollegiaten kann somit verschieden sein. Sie wird im allgemeinen um so länger sein, je später die endgültige Wahl getroffen wird. Sie werden außerdem von der individuellen Ausgestaltung des Studienganges und der individuellen Lerngeschwindigkeit abhängen.

Die einzelnen Kurse sollen als geschlossene, vielfältig kombinierbare Einheiten angeboten werden. Sie sollen didaktisch so angelegt sein, daß der Kollegiat in ihnen den methodischen *Anlaß* zu Selbststudium, Gruppenarbeit und Projekten findet: das heißt, das Studium *vollzieht* sich nicht vorwiegend *in* den Kursen, und sein Umfang und seine Wirksamkeit sind nicht einfach in ihrer Dauer und Dichte abzulesen. Einige Grundstudien, deren Namen also im Angebot nicht auftauchen müssen, sind zu großen Teilen aus den Kursen verschiedener anderer Disziplinen zu kombinieren, die ihrerseits nicht die Bezeichnung des gewählten Studiums tragen. Dem Beratungsdienst der einzelnen Disziplinen (vgl. unten S. 40) und vor allem den Koordinierungsausschüssen für die Kursplanung innerhalb des Oberstufen-Kollegs kommt damit besondere Bedeutung zu.

2. Zugang und Studienbeginn

Das Oberstufen-Kolleg nimmt jeden Schüler auf, der die 10. Jahrgangsstufe einer Haupt-, Real- oder beruflichen Vollzeitschule, eines Gymnasiums oder einer Gesamtschule erfolgreich abgeschlossen hat. Nach Einführung des Abiturs I wird dieses in der Regel die Eingangsbedingung sein.

Die richtige Nutzung der hohen Wahldifferenzierung des Oberstufen-Kollegs setzt voraus, daß die Kollegiaten auf das Wählen ihres Studienschwerpunktes vorbereitet sind. Die Schüler der integrierten Gesamtschule sollten diese Bedingung erfüllen. (Vgl. die Empfehlung des Deutschen Bildungsrates zur *„Einrichtung von Schulversuchen mit Gesamtschulen"*, S. 91 ff.) Die Schüler herkömmlicher Haupt-, Real- und Berufsschulen wie des Gymnasiums müssen hierzu unter Umständen noch besondere Hilfen erhalten. Alle Disziplinen sollten zu Beginn jedes neuen Studienjahres eine kurze ganz- oder mehrtätige Selbstdarstellung geben, die allen Studienanfängern zeitlich und sachlich zugänglich ist. Diese Einführungen können die Form konkreter Projekte oder Projektansätze haben; sie können für mehrere Disziplinen in einer Gesamtunterrichtseinheit aufgehen; sie können auch in Zusammenarbeit mit zentralen Einrichtungen der Fernlehre entwickelt werden, so daß das Oberstufen-Kolleg sie allmählich abgeben kann.

Über die Aufnahme der Kollegiaten wird nach eingehender individueller Beratung und Ausnutzung der verfügbaren diagnostischen Mittel durch das Los entschieden. Hiermit kommt deutlich zum Ausdruck, daß das Oberstufen-Kolleg nicht als eine Ausleseanstalt für die abnehmenden Hochschulen fungieren soll. Solange keine stichhaltigen Eignungskriterien und sichere Verfahren zu ihrer Diagnostizierung entwickelt worden sind, gibt es keine „gerechte" Alternative zum Los. Das Oberstufen-Kolleg, das dazu beitragen soll, daß der einzelne innerhalb des gesamten Bildungswesens nach Maßgabe seiner individuellen Voraussetzungen besser gefördert werden kann, wird selbst an der Entwicklung solcher Eignungskriterien und der Erprobung diagnostischer Mittel arbeiten; es muß jedoch schon zu Beginn seiner Arbeit mit einem zu starken Andrang fertig werden können.

3. Studienfortschritt, Abschlüsse und Abgänge

Die Preisgabe eines Jahrgangssystems mit strenger Abfolge der Studieninhalte zugunsten von Einzelkursen mit gemeinsamer didaktischer Struktur, das Prinzip der selbständigen und freien Wahl und ihrer Revidierbarkeit, die erstrebte vielfältige Kombinationsmöglichkeit der Angebote legen es nahe, ein modifiziertes *credit*-System einzuführen, mit dessen Hilfe der Kollegiat seinen eigenen Studienfortschritt überblicken und regulieren kann. Dies ermöglicht ihm z. B. bei der Änderung seines Studienschwerpunktes, die schon erworbenen Fähigkeiten und Kenntnisse ohne belastende zusätzliche Examen in Anrechnung zu bringen. Ein *credit*-System gestattet es auch der Lehrerschaft, das Lehrangebot innerhalb der vier Jahre freier zu verteilen und zu variieren. Es erlaubt schließlich, denen, die das Oberstufen-Kolleg vorzeitig verlassen, die erfolgreich bestandenen Kurse in einem Abgangs-Zertifikat zu bescheinigen und ihnen dadurch den Übergang zu einer anderen Ausbildungsstätte zu erleichtern.

Ein *credit*-System kann jedoch auch zu einer amorphen Summierung von absolvierten Einheiten führen, deren Studienertrag nie zu einem tragfähigen Grundstudium integriert worden ist. Diesen Gefahren des *credit*-Systems kann man durch Studienberatung und durch ein Test- und Prüfungssystem begegnen. So könnte es z. B. sinnvoll sein, die vom Kollegiaten erworbenen *credits* durch eine abschließende Prüfungsaufgabe — eine schriftliche Arbeit, ein selbständiges Projekt oder ein Gruppen-Projekt, eine öffentliche Disputation, je nach Wahl des Kollegiaten oder nach Eignung des Gegenstandes — bestätigen zu lassen.

Der Abschluß des Oberstufen-Kollegs, der in der Regel am Ende des vierten Kollegjahres liegt, stellt, wiewohl mit zum Teil anderem Inhalt und in anderer Form, ein Äquivalent zur sogenannten „*Vorprüfung*" nach den Empfehlungen des Wissenschaftsrates dar. (Da dieser Abschluß des propädeutischen Grundstudiums den Zugang zum eigentlichen Studium an den Seminaren der Hochschule markiert, könnte er Aditur heißen.) Dieser Abschluß setzt die Anerkennung seiner Vorleistungen durch die Wissenschaftliche Hochschule voraus. Die Gleichwertigkeit von Oberstufen-Kolleg-Abschluß und Vorprüfung im entsprechenden Hochschulstudium muß gewährleistet sein, um die Kollegiaten gegenüber den Abiturienten herkömmlicher Gymnasien oder der Gesamtschulen nicht zu benachteiligen.

Stellt man in Rechnung, daß der Kollegiat zum Zeitpunkt dieses Abschlusses ein intensives vierjähriges Schwerpunktstudium, davon mindestens drei Jahre im Bereich seiner beiden Wahlfächer, geleistet hat, so sollte hierdurch der Stand der Kenntnisse und Fähigkeiten erreicht, vermutlich sogar übertroffen sein, der heute in der Vorprüfung oder bei der Aufnahme in die Hauptseminare verlangt wird. Das Oberstufen-Kolleg kann mit seinen kleinen Gruppen, seiner didaktischen Disziplinierung und der Konzentration auf zwei Wahlfächer innerhalb eines systematisierten Kontextes die vom Wissenschaftsrat und von den Fakultäten intendierte Funktion des Grundstudiums besonders gut erfüllen.

Der Oberstufen-Kolleg-Abschluß stellt keine allgemeine Hochschulreife für die Gesamtheit der Wissenschaften dar. Ein Absolvent des Oberstufen-Kollegs, der eine Spezialhochschule, z. B. eine Musikhochschule oder eine Technische Universität bzw. Fakultät, besuchen will, hat sich entweder auf dem Oberstufen-Kolleg auf deren Voraussetzungen vorbereitet und weist das nach, oder er muß die fehlenden Voraussetzungen noch erwerben. Entsprechende Kurse müssen zukünftig jeweils an den aufnehmenden Institutionen eingerichtet werden.

Der erfolgreiche Abschluß des Oberstufen-Kollegs schließt also zugleich die universitäre Vorprüfung *und* das am Kolleg entfallende Abitur II ein, über das es in Absicht und Inhalt hinausgeht. Die rechtliche Gleichstellung dieses Abschlusses mit den Vorprüfungen und der Einschluß der Berechtigungen des Abiturs II in ihm muß von den Kultusministern der Länder garantiert sein. Es scheint dagegen nicht sinnvoll, das Abitur II oder einen Fachoberschulabschluß in der bisher vorgesehenen Form nach dem 12. oder 13. Ausbildungsjahr in das Oberstufen-Kolleg aufzunehmen. Diese Prüfungen haben andere Funktionen, umfassen andere Inhalte und Lernziele und würden dadurch die Formen und Freiheiten der individuellen Gestaltung einschränken. Abgänge vor Abschluß des Oberstufen-Kollegs sind um des spezialisierten didaktischen Zwecks der Einrichtung willen nicht wünschenswert. Es ist überhaupt schwer, innerhalb eines Experimentalrahmens generelle und institutionelle Lösungen für das Problem der vorzeitigen Abgänger zu geben, das vom Ausbildungssystem insgesamt verantwortet werden muß. Das Korrelat zum immer freieren Zugang zu den höheren Bildungseinrichtungen ist die Normalisierung eines ebenso freien Abgangs von ihnen. Dabei erheben sich zwei Forderungen, die vermutlich nur in unterschiedlichem Maß erfüllt werden können: *a)* Das abgebrochene Studium darf in sich nicht unnütz sein, und *b)* es muß von anderen Institutionen (z. B. bei der Fortsetzung der Ausbildung oder bei der Erlangung eines Berufs) honoriert werden. Solange das Oberstufen-Kolleg nicht integraler Bestandteil eines ganzen Systems ist, sondern Gegenstand eines Experimentalprogrammes, kann es nur die erste Forderung *(a)* in befriedigender Weise erfüllen; das aber tut es durch die didaktische Einheit der einzelnen Kurse, durch die strenge Allgemeinheit des Ergänzungsunterrichts (s. unten S. 41) und durch das *credit*-System in hohem Maße. Hinsichtlich der zweiten Forderung *(b)* muß man sich mit folgenden Äquivalenten begnügen:

— Abgänger (*dropouts*) während des ersten Kollegjahres können in die durch mittlere Reife erreichbaren Ausbildungseinrichtungen zurückkehren / übergehen.
— Abgänger nach erfolgreichem erstem Kollegjahr können im breiten Ausbildungsspektrum von integrierten Gesamtschuloberstufen ihren Platz finden.
— Abgänger nach erfolgreich absolviertem zweitem Kollegjahr können ein Zertifikat erhalten, das einer Fachhochschulreife entspricht.
— Abgänger nach dem dritten erfolgreich absolvierten Kollegjahr können ein Zertifikat bekommen, das der fachgebundenen Hochschulreife entspricht.

Diese Übersicht setzt dreierlei voraus: erstens, daß sich ein innerer Maßstab für das finden läßt, was ein „erfolgreich absolviertes erstes, zweites oder drittes Kollegjahr" innerhalb eines ausdrücklich nicht nach Jahrgängen gegliederten Studiums heißen kann; zweitens, daß die Entsprechungen anerkannt werden; drittens, daß die genannten Übergänge vor allem Zeitverlust vermeiden sollen. Nimmt man dagegen einen gewissen Zeitverlust in Kauf, sind beliebige andere Möglichkeiten denkbar.

Diese Übersicht beweist aber auch, wie wichtig es ist, daß sich ein Experimental-Kolleg wie das Bielefelder nicht zu sehr von Rücksichten auf die möglichen Abgänger leiten lassen darf, wenn es seinen Experimentalauftrag voll ausschöpfen will. Insofern ist die Laufbahn über das Oberstufen-Kolleg als Ausnahme vom normalen System organisiert.

4. Die Konzeption eines „Grundstudiums"

Die Konzeption eines Grundstudiums ist bisher weder von den verschiedenen Hochschulgruppen (Professoren, Assistenten, Studenten) und Institutionstypen (Universitäten, Wissenschaftliche Hochschulen, andere Hochschulen) einheitlich definiert noch von den einzelnen Fakultäten und Disziplinen durchgängig institutionalisiert worden. Wenn hier ein „Grundstudium" zum Maß des Studiums an einem Oberstufen-Kolleg gemacht wird, dann zunächst in einem rein formalen Sinn: Das Grundstudium bezeichnet den geforderten Studienabschnitt, bis zu dessen Ende die Studienwahl vollzogen und bestimmbare Voraussetzungen für die Aufnahme in spezialisiert arbeitende wissenschaftliche Gruppen (Seminare) erfüllt sein müssen. Welche Kriterien hierbei sinnvollerweise zu gelten haben, wird selbst Gegenstand des Experiments sein müssen.
Nachdem die herkömmlichen Studienordnungen fast aller Disziplinen in Bewegung geraten sind, ist eine Orientierung des Grundstudiums an „geltenden Maßstäben" nicht mehr möglich. So gibt es innerhalb der Medizin Überlegungen, ob die Reihenfolge von naturwissenschaftlichem Grundstudium und klinischem Hauptstudium nicht besser umzukehren wäre. Entsprechend gibt es starke Tendenzen, das Jurastudium mit der Einordnung der spezifisch juristischen Institutionen, Verfahren und Denkweisen in den sozialen, wirtschaftlichen und historischen Kontext anzufangen. Solche und ähnliche Veränderungen bedeuten, daß es keine inhaltliche Norm für die Grundstudien geben kann, sondern daß diese am Oberstufen-Kolleg teils in Übereinstimmung mit, teils in Konkurrenz zu der Hochschule, in jedem Fall aber in einem Zusammenhang mit ihr entwickelt werden müssen. An welcher Stelle z. B. die Hilfswissenschaften (Sprachen, Statistik, Paläographie, Mathematik für Techniker etc.), die Praktika und Begleitstudien angesetzt werden, ist angesichts der Studienreform, der staatlichen Prüfungs- und Ausbildungsreform, der Möglichkeiten von programmierten Kursen und Fernstudien völlig offen.

5. Die Fächergruppen, ihre Funktion und ihre Problematik

Ein Ausgangspunkt für die Konzeption eines Oberstufen-Kollegs ist die Einsicht, daß eine verbindliche Festlegung der Gegenstände einer allgemeinen Bildung heute nicht mehr möglich ist; daß sich das Gemeinsame und Allgemeine der Bildung vielmehr auf die Möglichkeit der Verallgemeinerung bezieht, daß also Wissenschaft selbst als das Verfahren gesicherter Verallgemeinerung die allgemeinste Form von allgemeiner Bildung ist. Sodann geht die Konzeption des Oberstufen-Kollegs davon aus, daß der Übergang von formaler Allgemeinbildung zu inhaltlich bestimmter Spezialbildung im bisherigen System nicht oder nicht rechtzeitig und methodisch vorbereitet wird, und daß die gleichzeitige Aufrechterhaltung eines Kanons allgemeinbildender Fächer *und* die Möglichkeit ihrer Kompensierung und Abwahl die Fiktion einer allgemeinen Hochschulreife nicht rettet, sondern bloßstellt. Schließlich geht sie davon aus, daß weder das heutige Gymnasium sich um die Berufs- und Studienwahl seiner Schüler kümmert, noch die Universität bisher ein nach didaktischen Gesichtspunkten angelegtes Anfangs- oder Grundstudium anbietet.

Aus diesen Gründen gibt es am Oberstufen-Kolleg keinen umfassenden und allgemeinverbindlichen Fächerkanon mehr. Der Unterricht des Kollegiaten setzt sich statt dessen aus drei verschiedenen, didaktisch aufeinander bezogenen Unterrichtsarten zusammen: dem *Wahlfachunterricht*, dem *Ergänzungsunterricht* und dem *Gesamtunterricht*. Für den Wahlfachunterricht wählt der Kollegiat zwei Wahlfächer, die möglichst seine späteren Studienfächer sein sollen; der Ergänzungsunterricht ist obligatorisch, lehrgangsartig organisiert und bietet eine systematisierte Einführung in die Wissenschaft anhand extrapolierter Tätigkeiten, Verfahren und Probleme, die in aller Wissenschaft vorkommen; der Gesamtunterricht konfrontiert den Kollegiaten mit typischen Anwendungssituationen, in denen also sowohl seine Spezialkenntnisse und -fertigkeiten als auch seine Wissenschaftssystematik erprobt werden und der praktische Zusammenhang der Wissenschaften erfahrbar wird.

Der Kollegiat nimmt außerdem im ersten Jahr an einem allgemeinen, obligatorischen Sportunterricht teil. Wenn die Sekundarstufe I ihre Aufgabe auf diesem Gebiet richtig erfüllt hat, ist hier keine Pflichtveranstaltung nötig. Der einzelne würde sich nach Bedarf und Neigung des Angebotes sportlicher Veranstaltungen frei bedienen. Aber diese Voraussetzung läßt sich nicht ohne weiteres machen. Dieser Sportunterricht dient als Anlaß für jeden Kollegiaten, das selbständige, erwachsene Training seines Körpers zu lernen, das heißt, seine sportliche Ausbildung freiwillig weiter zu treiben. Der Unterricht ist weder auf Leistungssport, noch auf Ausgleichssport, noch auf Gemeinschaftssport aus, sondern auf die möglichst vielseitige Erprobung und Erklärung sinnvoller Formen der Bewegung, des Spiels, der Selbstdisziplin. Er wird dazu eine medizinische, gesellschaftliche und sozial-psychologische Theorie des Sportes entwickeln und vermitteln müssen und ist in dieser Hinsicht Fortsetzung einer allgemeinen Gesundheitslehre, wie sie für die Sekundarstufe I gefordert werden muß.

Der Sportunterricht wird in einer ausreichenden Differenzierung nur durch Zusammenarbeit mit einem größeren, sei es universitären, sei es eigenständigen Institut für Leibesübungen möglich sein.

Da es die wichtigste Funktion des Ergänzungsunterrichts ist, das allen Wissenschaften Gemeinsame und Allgemeine zu repräsentieren — vor allem durch die systeme des wissenschaftlichen Denkens und Handelns —, können seine Inhalte und Verfahren nur in Zusammenarbeit mit den Spezialfächern hergestellt und in enger Verbindung mit ihnen erprobt werden. Zugleich erleichtert er den

Wechsel von einem Studienschwerpunkt zum anderen oder auch zu anderen Institutionen der gleichen Stufe.[1]
Das vielseitige, den Grundstudien an Wissenschaftlichen Hochschulen entsprechende Angebot an Wahlfächern soll den Kollegiaten zu einer rationalen, selbstbestimmten Berufswahl befähigen; in den von ihm gewählten Fächern soll er in die Grundlagen seines späteren Studiums eingeführt werden. Die Wahlfächer bilden den Schwerpunkt seiner Ausbildung.

5.1. Wahlfachunterricht

Das Wahlfachangebot eines Oberstufen-Kollegs sollte — vor allem solange es noch keine integrierte Gesamthochschule gibt — die Grundstudien möglichst aller heute an Wissenschaftlichen Hochschulen aufzunehmenden Studien enthalten, um nicht die eine oder andere Laufbahn zu diskriminieren.
Das heißt, ein Oberstufen-Kolleg müßte 35 bis 45 Wahlfächer anbieten. Der in dieser Angabe enthaltene Spielraum betrifft im wesentlichen das Angebot von Sprachen. In dem folgenden Beispiel sind nur die geläufigen Schulsprachen und einige charakteristische andere Sprachen berücksichtigt. Ein solches eingeschränktes Modell läßt sich wie folgt rechtfertigen:
Nicht alle Kollegien werden alle Sprachen anbieten können, wie dies schon heute nicht alle Universitäten tun können; es wird Schwerpunkte geben müssen, und zwar gerade für die ausgefalleneren Sprachen.
Seltenere Sprachen werden von weniger Studenten studiert; da Oberstufen-Kollegs wie das Bielefelder zunächst Universitäten oder Wissenschaftlichen Hochschulen zugeordnet sein werden, wird man ohne Mühe die Kollegiaten, die eine ausgefallene Sprache studieren wollen, in die Kurse der Hochschule aufnehmen können, die mit kleinen Studentengruppen vermutlich auch didaktisch verantwortbare Unterrichtsformen haben.
Die Universität Bielefeld wird ein Sprachlehrzentrum haben, an dem die bisher auf die Disziplinen und Fakultäten verstreuten Sprachkurse zusammengefaßt sind, sich gemeinsam moderner Vermittlungsmethoden und -instrumente bedienen und die bisherigen Philologien hiervon entlasten bzw. sie aufheben; eine Kombination solcher Sprachkurse mit Linguistik und/oder Literaturwissenschaft innerhalb des Kollegs dürfte eine Art „Grundstudium" herkömmlicher Philologien mehr als ersetzen.
Schließlich werden die Personen, die seltenere Sprachen zu lehren imstande sind, in der Bundesrepublik nicht in genügend großer Zahl vorhanden sein, um alle Kollegs und alle Hochschulen mit ihnen auszustatten.
Ein eingeschränktes Wahlfach- oder besser Wahlbereichsangebot eines Oberstufen-Kollegs könnte z. B. folgende Grundstudien umfassen:

---

[1] Vgl. Hartmut von Hentig: *Interdisziplinarität, Wissenschaftsdidaktik, Wissenschaftspropädeutik*, in: Merkur, Sept. 1971 Teil I, einer Abhandlung über die Einheit der Wissenschaft.

Arabisch	Griechisch	Pädagogik
Baukonstruktion	Informations-	Philosophie
Bildende Kunst	wissenschaften	Physik
Biologie	Italienisch	Politikwissenschaft
Chemie	Kulturanthropologie	Psychologie
Chinesisch	Latein	Rechtswissenschaft
Deutsch	Linguistik	Russisch
Elektrotechnik	Maschinentechnik	Soziologie
Englisch	Mathematik	Spanisch
Französisch	Medizin	Sport
Geographie	Musik	Technologie
Geschichte	Ökonomie	Theologie

Oberstufen-Kollegs, die in Anlehnung an Technische Universitäten eingerichtet würden oder an Universitäten mit Schwerpunkt in Wirtschaftswissenschaften, Sozialwissenschaften, Erziehungswissenschaften, Medizin, Musik und anderem, könnten und sollten ein hiervon abweichendes Wahlfachangebot machen, sich aber auch bemühen, das Spektrum so breit wie möglich zu halten. Das Oberstufen-Kolleg ist jedoch kein *professional college,* also keine nach unten verlängerte Fachhochschule, sondern eine Anstalt für allgemeine Wissenschaftspropädeutik in Verbindung mit spezialisierten Grundstudien möglichst vieler Wissenschaftsdisziplinen.

In den am häufigsten gewählten Bereichen müssen mehrere Parallelkurse angeboten werden (etwa in Deutsch, Englisch, Geschichte, Mathematik je mindestens zwei oder drei). Einige Wahlbereiche werden in sich weitere Untergliederungen vornehmen — so z.B. die Ökonomie (Volkswirtschaftslehre / Betriebswirtschaftslehre), die Mathematik (allgemeine Mathematik / mathematische Logik / angewandte Wirtschaftsmathematik etc.), die Künste — und dafür auch verschieden spezialisierte Lehrer benötigen.

Jeder Kollegiat wählt zwei Wahlfächer. Diese Fächer sollen beliebig kombinierbar sein. Wo die Wahl auf ein bestimmtes Hochschulstudium und einen Beruf ausgerichtet ist, werden sich besondere Kombinationen empfehlen. Bindende Vorschriften sind nicht erforderlich. Die Wahl bestimmter Kurse muß nicht die Wahl des gleichnamigen Studienschwerpunktes bedeuten. So kann ein zukünftiger Jurist gehalten und geneigt sein, Kurse in Ökonomie oder Psychologie oder Soziologie oder Geschichte zu belegen. Eine von den einzelnen Disziplinen einzurichtende Studienberatung wird dem Kollegiaten bei der Entscheidung helfen, wie breit er seine Optionen anlegen darf, um sie noch unter seinem Studienschwerpunkt subsumieren zu können.

Für jedes Wahlfach stehen im Durchschnitt fünf Wochenstunden pro Kollegjahr zur Verfügung. Dies ist eine rechnerische Festlegung und sagt nichts über die Anlage der Kurse als Epochen- oder kontinuierlichen Unterricht aus. Wo es didaktisch geboten ist, wechselt der Unterricht von Großveranstaltungen (Demonstrationen) über kleine Gruppen bis zur Einzelberatung. Das Kolleg muß entsprechend mit Labors, technischen Werkstätten und Bibliotheks- und Arbeitsräumen ausgestattet sein.

Im Bereich dieser Fächergruppe lernt der Kollegiat nicht nur seine speziellen Studienfächer, er lernt an der Fülle der angebotenen Fächer und der Häufigkeit der zu treffenden Entscheidungen das Wählen selbst — das Kombinieren, Planen, Überprüfen und Verantworten seines Studienganges —, wobei ihm Ergänzungsunterricht und Gesamtunterricht helfen, einen Überblick über die Fächer und ihren Stellenwert im Ganzen der Wissenschaft zu gewinnen.

Außer durch die auf S. 33 f. aufgeführten Maßnahmen, die dem Kollegiaten die erste Orientierung über die sich bietenden einzelnen Studienmöglichkeiten und über ihren Stellenwert im weiteren Zusammenhang geben, soll er durch den jahrelangen Entscheidungszwang, durch den damit verbundenen fortgesetzten Beratungsprozeß, durch eine jederzeit mögliche angstfreie Leistungskontrolle mit Hilfe von Tests und Prüfungen ohne Rechtsfolgen und nicht zuletzt durch Selbstorientierung aufgrund des *credit*-Systems in der Selbstbestimmung seiner Studien angehalten werden. Die Legitimierung des Studienwechsels und die für sie geforderte Begründung machen ihm deutlich, daß eine Wahl nicht ein für allemal getroffen wird, daß die einzelne Wahl im Rahmen verschiedener Pläne verschiedene Konsequenzen hat, und daß es zwar schlimm ist, eine falsche Wahl zu treffen, aber weitaus schlimmer, sie nicht zu revidieren. Es ist zu hoffen, daß durch dieses System die Studien- und Berufswahl am Ende des Oberstufen-Kollegs mit einem Höchstmaß von Rationalität und Selbstverantwortung vorgenommen wird.

5.2. Ergänzungsunterricht

Es handelt sich hierbei um die notwendigen formalen Ergänzungen zu dem durch die Spezialisierung zunehmend materialen Wahlfach- oder Hauptfach-Studium (5.1.). Diese Ergänzungen halten darüber hinaus den Wechsel zu anderen Studien offen. Es handelt sich um Unterrichtsfolgen wechselnden Inhalts — also nicht um einen als „Pensum" festgelegten Stoff — auf jeweils bestimmte Funktionsziele hin. Dieser Gedanke bedarf einer ausführlichen Begründung.

Die Hauptintentionen des Oberstufen-Kollegs sind:

— zwischen der notwendigen allgemeinen Bildung und der notwendigen Spezialisierung zu vermitteln,

— der Spezialisierung einen breiten Raum zu geben, in dem der Kollegiat es zu einem starken Engagement und zu deutlicher Bewährung bringen kann, ohne daß darüber die Vorbereitung auf die allgemeinen Aufgaben, die gemeinsamen Verantwortungen, Verfahren und Handlungssituationen zur Farce wird,

— die Spezialisierung auch im Bereich der wissenschaftlichen Studien früher zu ermöglichen als bisher, ohne den Kollegiaten dadurch auch früh auf den Gegenstand seiner Wahl festzulegen,

— die Funktion der Spezialisierung in einem weiteren Zusammenhang — hier vor allem dem wissenschaftlichen — erfahrbar und bewußt zu machen und so eine rationale Studien- und Berufswahl zu ermöglichen, folglich
— den Übergang zu anderen Disziplinen systematisch offenzuhalten.
Sie alle zusammen erfordern eine gründliche Neubestimmung und Reorganisation der allgemeinen Bildung auf dieser Stufe.
Die 14 bis 15 Fächer des gymnasialen Kanons genügen schon lange nicht mehr seinem Anspruch, zugleich eine allgemeine *Vorbereitung auf das Leben* und eine allgemeine *Vorbereitung auf die Wissenschaft* zu geben. Für das Leben in der heutigen Gesellschaft entscheidende Sach- und Erkenntnisbereiche (z. B. das Recht, die Wirtschaft, die Pädagogik, die Psychologie, die Technik) fehlen darin ebenso wie eine Reihe von Sprachen und Hilfswissenschaften (z. B. Russisch oder Statistik oder Linguistik), ohne die bestimmte wichtige Studien nicht aufgenommen werden können, oder übergreifende Probleme (z. B. interdisziplinäre Zusammenarbeit, Systemkritik, Anwendung von Wissenschaft, der Theorie-Praxis-Bezug), ohne die die Spezialisierung zu „Fachidiotentum" führen muß, auch wenn sie erst nach dem Abitur einsetzt.
Durch die Einführung eines breiten Angebots von Spezialfächern, unter denen der Kollegiat zwei als seinen Studienschwerpunkt wählt, wird die Problematik der sogenannten allgemeinen Bildung zunächst verschärft. Diese Problematik kann weder durch die faktische Verlängerung der allgemeinen Bildung um ein Jahr noch durch eine didaktische Veränderung des Unterrichts innerhalb der Spezialfächer selbst — die „Strukturierung der Disziplinen" — allein aufgehoben werden.
Der überkommene, innerlich geschlossene Kanon von ursprünglich allgemeinen oder formalen geistigen Fertigkeiten — artes liberales — ist durch den Aufstieg der Philosophischen Fakultät von einer propädeutischen zu einer Forschungsfakultät neben anderen in eine bloße Ansammlung unverbundener „Fächer" zerfallen. Unter dem Einfluß des Positivismus folgten im Laufe des 19. Jahrhunderts alle Erkenntnisformen der Tendenz, „wissenschaftlich" im Sinne der exakten Wissenschaften zu werden, und konnten dann nur noch an den Gegenstandsbereichen unterschieden werden, denen sie galten. Indem alle Erkenntnis ihre Einheit in der Wissenschaftlichkeit fand, fiel konsequenterweise die Zuständigkeit für alle Erkenntnisbereiche der Wissenschaftlichen Hochschule zu. Soweit Bildung von Erkenntnisprozessen bestimmt ist, hatte sie sich folglich nach den Ordnungen der Wissenschaften zu richten. Diese Disziplinen konnten und mußten sich — aufgrund der Maxime von der Gleichwertigkeit aller erforschbaren Gegenstände — in dem Maß selber vermehren, in dem sie das Wissen vermehrten. Der Bereich, innerhalb dessen die Wissenschaftlichkeit am unterschiedlichsten verstanden und angewandt wurde — die Philosophische Fakultät —, entledigte sich seiner Konflikte durch Trennung in eine sprachlich-historische, eine mathematisch-naturwissenschaftliche und eine sozialwissenschaftliche Fakultät, die sich ihrerseits inzwischen in Abteilungen oder Fachbereiche

auflösen. Damit verliert die allgemeine Bildung — in einer späten Phase des gleichen Prozesses, durch den sie wissenschaftlich wurde — die letzte, wenn auch nur scheinbare Möglichkeit, sich durch die Inhalte der einstigen „philosophischen" Fakultät zu definieren und zu gliedern.
Obgleich alle Erkenntnisse und Fertigkeiten eine Grundlegung in der Wissenschaft suchen, ist die Bestimmung dessen, was zur gemeinsamen Grundlegung der Wissenschaften selbst gehört, nie mit wissenschaftlichen Mitteln vorgenommen worden; die geistes- und sozialgeschichtlichen Prämissen des Humboldtschen Kanons für die gymnasiale Wissenschaftspropädeutik sind längst hinfällig geworden; die Beschränkung des Allgemeinen auf das, was man gemeinsam weiß und versteht, weil die Schule dies (und nichts anderes) gemeinsam vermittelt hat, scheitert daran, daß in der verwissenschaftlichten und interdependenten Welt alle Bereiche für alle bedeutsam werden: von der Genetik bis zur Linguistik, von der Tiefenpsychologie bis zur Marx-Interpretation.
Angesichts der Auflösung eines an der Überlieferung orientierten Kanons durch die Wissenschaft und ihren Pluralismus und angesichts der Unmöglichkeit, einen Kanon von Fächern aufzustellen,
— in denen sich das Lernen von Wissenschaft allgemein — „transferierbar" — vollzieht,
— die für die wichtigeren und schwierigeren Lebenssituationen relevant sind,
— für die sich ein Konsens finden läßt und
— die obendrein in einer beschränkten Ausbildungszeit bewältigt werden können,
gibt es prinzipiell drei Möglichkeiten, den Unterricht zu organisieren:
1. durch Zusammenfassung von Disziplinen nach größeren Sachbereichen — etwa: Geistes- oder Kulturwissenschaften, Naturwissenschaften, Gesellschaftswissenschaften, Systemwissenschaften, Berufswissenschaften —, innerhalb deren einzelne Gegenstände „exemplarisch" für andere des gleichen Bereichs behandelt werden können;
2. durch Zusammenfassung von Disziplinen nach den in ihnen verwendeten Erkenntnismethoden — etwa: hermeneutische, statistische, empirische, archivarische, spekulative —, durch die beliebige Gegenstände erschlossen werden können, im Unterricht aber vornehmlich solche, an denen sich die Methoden besonders gut (also wieder „exemplarisch") bewähren;
3. durch Zusammenfassung der Gegenstände und Verfahren nach allgemeinen Funktionen — etwa: Abstrahieren, Kommunizieren, Kooperieren, Entscheiden, sich Regeln geben, Entwerfen, Interpretieren, Objektivieren, Quantifizieren —, die zur Bewältigung von Lebenssituationen gebraucht werden, in diesem Fall von solchen Situationen, in denen Wissenschaft als Anlaß eines Problems oder Mittel seiner Lösung erscheint.
Der Sinn solcher Gliederungen ist es, die Fülle der möglichen Lernziele und Lerngegenstände zu beschränken und die Gründe dafür in der Gliederung selbst auszudrücken: Die in ihnen aufgezählten und bezeichneten Größen sollen an-

geben, worauf es in der nach ihnen geordneten Bildung ankommt; diese Größen wenigstens müssen vollständig — in charakteristischen Beispielen — behandelt werden, damit die Bildung die Bezeichnung „allgemein" verdient. Sie müssen also etwas genau Begrenzbares angeben.

Zu 1: Hier wird vorausgesetzt, daß die genannten Zusammenfassungen von Disziplinen natürliche oder doch für unsere Kultur evidente Sachbereiche bezeichnen. Eine kritische Bildung würde die historische oder logische Willkür dieser Ordnungen schnell aufdecken und damit die Möglichkeit eines „exemplarischen" Vorgehens in sich selbst zerstören. Der Begriff „exemplarisch" ist leer, wenn man nicht genau angeben kann, woraufhin etwas ein Exempel sein soll. Ob Gegenstände der Mathematik „exemplarische" Gegenstände für die *System*wissenschaften (z.B. Entscheidungstheorie) oder für eine *Berufs*wissenschaft (z. B. Versicherungsstatistik), Sprache „exemplarisch" für die *Kultur*wissenschaften oder die *Natur*wissenschaften, Geschichtliches „exemplarisch" für die *Gesellschafts*wissenschaften oder die *Geistes*wissenschaften sind, wird gerade nicht von dieser Einteilung bestimmt. Aufgrund einer Schulbildung, die die Beschäftigung mit diesen Gegenständen verabsolutiert, unterliegt der Gebildete der Täuschung, „Sprache" oder „Mathematik" oder „Geschichte" seien gegebene materiale Substanzen und nicht in erster Linie formale Gesichtspunkte, unter denen sich alle möglichen Gegenstände angehen und isolieren lassen. Die von vorgeblichen Sachbereichen abgeleiteten Fächer sind künstlich, nicht auf die reale Erfahrung bezogen und schon darum für das Lernen der Funktion der Wissenschaften ungeeignet: Fächer dieser Art können nur das Resultat, nicht die Voraussetzung des Lernens der Wissenschaft sein. Die Einteilung in Sachgebiete ist selbst immer auch eine Einteilung nach Methoden, und die oben genannten Beispiele sind erst durch das Hinzutreten von Methoden definierbar geworden. Einerseits also ist die Zuordnung von Sachbereichen zu Methoden nötig; andererseits ist die Zuordnung nicht eindeutig. Sollen die Methoden zur Ordnung der Sachbereiche herangezogen werden, ist nicht einzusehen, warum man sich nicht gleich der zweiten Gliederung bedient. Sollen die Sachbereiche für sich bestehen, bleiben sie die Angabe schuldig, woraufhin sie gegliedert sind und Exempel erlauben.

Wollte man das Problem von der Lerntheorie aus angehen, so könnte man einstweilen nur folgern, daß Sprachunterricht für Sprachunterricht stehen kann, Mathematik für Mathematik, Biologie für Biologie, solange die Fächer an ihren materialen Gegenständen orientiert sind. *Ohne* formale Strukturgleichheit und bewußte Übung des Transfers mit Hilfe dieser Struktur mündet die Sacheinteilung in das Ausgangsdilemma der unlernbar gewordenen Fächerfülle zurück.

Zu 2: Die Methoden der Erkenntnis lassen sich eindeutiger kategorisieren als die Sachbereiche und können darum eher als Maß für ein „exemplarisches" Vorgehen benutzt werden. Aber auch gegen eine Gliederung des Unterrichts nach Methoden erheben sich ernste Einwände. Es besteht vor allem die Gefahr, daß die Methoden abstrakt behandelt werden oder an Gegenständen, die zwar zur

Darstellung der Methode geeignet, aber selbst trivial sind und also die Motivation der Lernenden verschütten bzw. nie anregen. Geht man aber über das Kriterium „zur Darstellung der Methode" hinaus, so stellt sich noch immer ein beträchtliches Auswahl- und Beschränkungsproblem, das nach zusätzlichen Kriterien verlangt.

Zu 3: Die Einteilung nach Funktions- oder Verhaltenszielen dagegen verschafft einerseits deutliche Auswahlkriterien und berücksichtigt andererseits den Zusammenhang von Lernstruktur, Handlungsstruktur und Wissenschaftsstruktur. Sie verbindet die Sachbereiche und die Methoden nicht durch eine systematische Zuordnung zueinander, sondern durch Subsumtion unter einen bestimmten pädagogischen Zweck: den Kollegiaten — durch Analyse und Vermittlung ihrer Systemstrukturen — erkennen zu lassen, was Wissenschaft aus welchen Anlässen mit welchen Mitteln vermag; ihn dabei zugleich auf das Erkennen und Lösen von Lebensproblemen einzulassen; ihm so Wissenschaft als gesellschaftlichen Prozeß zu erschließen.

Der hier vorgeschlagenen Unterrichtsorganisation des Oberstufen-Kollegs liegt die Hypothese zugrunde, daß es für die Vorbereitung des Kollegiaten auf das Studium für eine breite Orientierung zum Zwecke einer rationalen Wahl, für die bestmögliche Nutzung der Transfermöglichkeiten und für seine soziale Rolle sinnvoll ist, den gewählten Studienschwerpunkt in den zwei spezialisierten Fächern durch einen Unterricht zu ergänzen, in dem die folgenden Funktionsziele systematisch angestrebt werden:
— Abstraktion und Kommunikation
— Quantifizierung und Relationierung
— Vereinbarung und Entscheidung
— Experiment und Objektivierung
— Kreativität der Wahrnehmung und der Gestaltung

Es ist ein Bestandteil einer solchen Hypothese, daß sie verifiziert bzw. falsifiziert werden kann, d. h. in diesem Fall, daß der Funktionszuwachs meßbar zu machen ist. Funktionswichtige Lernleistungen der Fächer der herkömmlichen Unterrichtsgliederung sind dadurch nicht ausgeschlossen.

Die Ausrichtung der Unterrichtseinheiten auf solche Funktionsziele setzt Zustimmung zu folgenden allgemeinen Sätzen voraus:
— daß die von der Wissenschaft bestimmten und die der Wissenschaft dienenden Tätigkeiten auf die Funktionen angewiesen sind, die als Ziele des Unterrichts genannt werden.
— daß das Leben in der interdependenten und interaktiven Gesellschaft weitgehend und zunehmend auf die gleichen Funktionen angewiesen ist.

Hinzunehmen, daß die Fertigkeiten, die man braucht, um die Wissenschaften zu bewältigen, zu großen Teilen mit denen identisch sind, die man braucht, um das Leben zu bewältigen, ist — in einer von den Wissenschaften bestimmten Welt — nicht schwierig. Schwierig ist hinzunehmen, daß dazu die bisherigen Formen, in denen Wissenschaft gelernt wurde, nicht mehr zuständig sind.

Ein Unterricht, wie er hier konzipiert wird, kann nur unter Mitwirkung vieler Disziplinen geleistet werden; er muß die Fachkompetenz in ihrer uneingeschränkten Strenge, aber in untergeordneter didaktischer Funktion einbringen; er muß die fachübergreifende Systematik, um die sich die Wissenschaften jetzt zu kümmern beginnen, gelegentlich vorwegzunehmen bereit sein; er wird nicht die dauernde Präsenz der Kenntnisse anstreben dürfen, dafür aber eine dauernde Benutzung der Auskunfts- und Entlastungsmittel und ein eingehendes Studium und gewissenhaftes Einhalten der Regeln, nach denen Übertragungen vorgenommen werden können; er wird sich hüten müssen, die eigenen neuen Ordnungen seinerseits zu kanonisieren.

Es empfiehlt sich schon darum, die Bezeichnungen so zu wählen, daß sie die Mehrschichtigkeit der Unterrichtsabsichten erkennen lassen — allgemeine Funktionen mit formalisierten Methoden an relevanten Gegenständen zu vermitteln —, also nicht in die alten Fächer zurückfallen können; bei den Gliederungen des Ergänzungsunterrichts sollte möglichst überhaupt nicht von „Fächern" im Sinne einer eindimensionalen Grundorientierung die Rede sein, sondern allenfalls im Sinne einer Verrechnungseinheit.

Es entspricht der Absicht der gewählten Anordnung, daß Gegenstände, die in der herkömmlichen Gliederung eindeutig einem Fach zugeteilt waren, hier an verschiedenen Stellen — unter dem jeweils geforderten Gesichtspunkt — behandelt werden, ja daß bestimmte Fächer mehrfach auftauchen, die Mathematik z. B. auch bei der Kommunikationslehre oder der Objektivationslehre.

Bei der Wahl der einzelnen Unterrichtsgegenstände oder -projekte sollten der mögliche didaktische Anknüpfungspunkt, die Bedeutung der Sache für die jeweiligen Wissenschaften, die Tatsache, daß unsere Gesellschaft ein spezifisches Aufklärungsdefizit in bestimmten Bereichen hat, und der Zusammenhang mit den übrigen Unterrichtsveranstaltungen in gleicher Weise berücksichtigt werden.

Der obligatorische Ergänzungsunterricht ist für alle Kollegiaten gleich, ungeachtet der Wahlfächer, die sie gewählt haben. Was im Wahlfach als Gegenstand und Methode der Spezialwissenschaft erscheint, soll hier Herausforderung, Kritik und Relativierung erfahren — durch die allgemeinen Systemstrukturen, durch den Abstand zwischen der materiellen Verfolgung von Spezialproblemen und dem instrumentellen Einsatz einer Wissenschaft zur Lösung allgemeiner Probleme und, wie immer, durch die gesellschaftlichen Anlässe.

Der Gesamtunterricht rundet das Verhältnis von Spezialfach zu Ergänzungsunterricht ab, indem die Kollegiaten dort erfahren, daß und wie sich das Problem dieser Vermittlung in anderen Disziplinen darstellt, welche besonderen Probleme die Anwendung von allgemeinen und besonderen Erkenntnissen und Fertigkeiten stellt und — in noch höherem Maße als in den systemorientierten beiden anderen Unterrichtsformen — welche politische Relevanz eine Aufgabe oder Möglichkeit hat.

Im folgenden werden die Inhalte der einzelnen Gliederungen des Ergänzungsunterrichts kurz erläutert. Es kann sich nur um sehr vorläufige Bestimmungen

UNI UNIVERS
WÜ WÜRZB

>> 07914972111
Fleischer, Gerd
17.07.2008, 15:
Zweigstelle: Ze

xxxxxxxxxxxxxx

079010383164 /
Hentig, Hartmut
Das Bielefelder

Anzahl entliehene

xxxxxxxxxxxxxx

handeln. In allen Einheiten des Unterrichts wird es darum gehen,
— die gesellschaftlichen und individuellen Anlässe der angestrebten Funktionsweisen,
— die wichtigsten Problemstellungen,
— die bedeutendsten Lösungen und Lösungsversuche,
— die strukturierenden Begriffe,
— die elementaren Informationen

in Verbindung mit konkreten Projekten und Übungen zu vermitteln; dies alles müssen die Lehrer also vorher in ihren Wissenschaften ermittelt haben. Die Lehrer werden dabei die Schwierigkeiten, die sich aus dem Verhältnis ihrer fachspezifischen Ausbildung zu den fachübergreifenden Zielen des Unterrichts ergeben, zunächst ohne besondere Hilfe von außen auf sich nehmen müssen. Alle Gliederungen des Ergänzungsunterrichts schließen die Anwendung der Erkenntnisse und die praktische Übung der zu lernenden Fertigkeiten ein, auch wenn sie im folgenden als „Lehre" bezeichnet werden.

Eine inhaltliche Bestimmung der einzelnen Abteilungen des Ergänzungsunterrichts kann hier nur in der Form eines vorläufigen Entwurfs vorgenommen werden. Die ihm zugrunde liegenden Hypothesen sind einstweilen nur zum Teil und in unterschiedlichem Maß von Erfahrungen und Theorien gedeckt; sie können darum den Konsens eines wissenschaftsbewußten Gremiums nur in dem Sinn beanspruchen, daß es sich lohnt, ihnen mit Experimenten nachzugehen.

Allgemeine Kommunikations- und Bedeutungslehre — vornehmlich an der Sprache. In diesem Unterricht geht es darum, die verschiedenen Erkenntnis-, Darstellungs- und Kommunikationsstrukturen durch systematischen Vergleich kennenzulernen. Die für alle Wissenschaft und alle Kommunikation grundlegende Tatsache, daß etwas *als* etwas erkannt, *als* etwas bezeichnet oder dargestellt wird, uns also durch Aufstellung bestimmter Bedeutungsverhältnisse gelingt, soll hier durch ihre verschiedenen Möglichkeiten dekliniert werden: semantische Repräsentation, allgemeinere strukturelle Repräsentation, vermittelte symbolische Repräsentation, Zahlenrepräsentation, geometrische Repräsentation. Die Beispiele werden der Linguistik, der Kunst, der Gestaltlehre, der Mathematik entnommen und haben immer das Verhältnis von Sachstruktur, Sinnstruktur und Sprach- oder Darstellungsstruktur zum Inhalt.

Dieser Unterricht ist eine Konsequenz des Fortfalls des Deutschunterrichts als Pflichtfach und des radikalen Wahlprinzips, dem zufolge ein Kollegiat unter Umständen überhaupt keine formale linguistische Ausbildung bekommt. Nehmen wir an, ein Schüler hat in der 5. Klasse mit Englisch begonnen und dieses im Kolleg nicht als Wahlfach behalten, so fehlt ihm die systematische Sprachverfremdung, wie sie im lateinischen Anfangsunterricht möglich ist, und die systematische Sprachreflexion, die im Englischunterricht selbst auf der Oberstufe doch nur im Vergleich mit stark flektierenden Sprachen gelingen kann (und auch dann nur, wenn der Grammatikunterricht zu anderen Strukturmodellen übergeht!). Diese relativierende und zugleich systematisierende Spracherziehung wird hier durch eine allgemeine Linguistik ersetzt; man muß dazu die herangezogenen Sprachen nicht ganz können, sondern begnügt sich mit den *ad hoc* ausgewählten Vergleichsstücken. Hierbei werden die verschiedenen Methoden der Sprachbeschreibung (von der historischen Grammatik bis zum Strukturalismus, von der Rhetorik bis zur Informationstheorie) ebenso herausgestellt wie die verschiedenen Sprachstrukturen und Sprachsysteme („Formensprache", „Symbolsprache", aber auch „Umgangssprache", „Fachsprache", „Kunstsprache" oder, im übertragenen Sinn: „Mathematik als Sprache der Naturwissenschaft").

Allgemeine Relations- und Proportionslehre — vornehmlich an der Mathematik.
In diesem Unterricht geht es um die Anlässe, die unterschiedlichen theoretischen Voraussetzungen und Verfahren, die eigentümlichen Mittel und Grenzen exakter Messung. Messung einer Größe heißt, „daß man eine andere Größe derselben Art annimmt und das Verhältnis angibt, in dem diese zu jener steht" (Euler). Eine ausgebildete Lehre möglicher exakter Verhältnisse ist die Mathematik. Sie ist darum grundlegend geworden für alle Wissenschaften und Techniken, in denen solche Verhältnisse eine Rolle spielen. Der hier geforderte Unterricht ist jedoch kein nur anders benannter Mathematikunterricht — weder im klassischen konstruktivistischen Sinn noch in einem modernen axiomatisch-strukturalistischen. Er wird von dem einen die Systematik (von der ganzen rationalen Zahl bis zur Analysis) und vom anderen die prinzipielle Relativierung des mathematischen Instruments (also die freie Konstruktion und Vergleichung unterschiedlicher mathematischer Systeme) übernehmen. Er wird aber darüber hinaus die breite Skala verschiedenartiger Anwendungsmöglichkeiten mathematischer Relationierung und Proportionierung einbeziehen — von der Statistik über geometrische Verhältnisse, physikalische Mengenlehren, Spiel- und Entscheidungstheorien bis zur Logik — und ihre jeweiligen Anwendungssituationen; daneben wird er andere nichtmathematische Relationssysteme (sprachliche, symbolische, künstlerische, gestaltpsychologische) in Beziehung zu ihnen behandeln. Die Relationslehre ist zugleich ein Versuch, die Isolierung, in der die formalisierte Mathematik im klassischen Unterricht vermittelt wurde, zu durchbrechen und eine deutliche Erkenntnis ihrer Funktionen in Wissenschaft, Technik, Kunst und Gesellschaft zu geben.

Allgemeine Lehre der objektivierenden Forschungsverfahren — vornehmlich an den Naturwissenschaften. In diesem Unterricht geht es darum, die Prinzipien und Verfahren, die spezifischen Anwendungsbereiche und Grundprobleme der exakten Wissenschaften zu behandeln: an ihrem klassischen Gegenstand — der materialen Welt — und an ihrem neuen Gegenstand — der Gesellschaft —, in ihrem klassischen Vorgehen: Hypothese, Experiment, Verifikation, Verallgemeinerung.
Hier werden die einzelnen Disziplinen nicht in ihrer Substanz durchgenommen,

sondern — an ausgewählten Beispielen — in ihrer gegenseitigen Abgrenzung, in ihrem konkurrierenden Verfahren, in ihrem unterschiedlichen Aspekt (Ausgangspunkt und Ziel) einsehbar gemacht. Es sollen die unterschiedliche Stringenz der einzelnen Methoden und die Grenzen ihrer Übertragbarkeit (z. B. auf die Gesellschaftswissenschaften) erkannt werden. Es kommt darauf an, daß auch derjenige, dessen Wahlfächer ausschließlich im Bereich der Geisteswissenschaften oder der Gesellschaftswissenschaften liegen, eine deutliche Kenntnis der an der „Natur" entwickelten Objektivierungsmethoden und deren Voraussetzungen und Grenzen bekommt; daß er sich mit dem Naturwissenschaftler über das gemeinsame Verhältnis Wissenschaft—Technik—Gesellschaft verständigen kann; daß er lernt, die Kluft zwischen den „Zwei Kulturen" abzubauen, indem er die Naturwissenschaft und die Technik nicht als abstrakte Mächte dämonisiert, sondern ihr „System" durchschaut. Umgekehrt bleibt die hier angestrebte *general science* gerade auch für den sich spezialisierenden Naturwissenschaftler wichtig. Innerhalb des gemeinsamen Lehrgangs wird sein Wahlfachwissen ständig relativiert und zu einer prinzipiellen Strukturierung genötigt.

Allgemeine Gesellschaftslehre — vornehmlich an der Politik. In diesem Unterricht wird das getrieben, was schon Aristoteles' „Politik" für seine Zeit mit seinen Mitteln darstellte: die theoretische, erfahrungswissenschaftliche Vorbereitung auf die praktische Existenz in der Gesellschaft — auf die Ausübung, Verweigerung und Kontrolle von Macht, auf die Notwendigkeit, die Anlässe, die Formen und Voraussetzungen von Entscheidungen, auf die Mittel der Beeinflussung, die Interdependenz in der technischen Zivilisation, die Abhängigkeit vom ökonomischen Prozeß, die Ordnung durch Recht, die Möglichkeiten der Kooperation, des Friedens. Andererseits geht es um die im weitesten Sinne politischen Entscheidungsprozesse innerhalb der Wissenschaft. Auch Wissenschaft ist ein pragmatisch in die Gesellschaft, ihre Mittel und Zwecke eingebundener Vorgang. Nicht alles geht dabei in wissenschaftlichen *Überzeugungs*prozessen auf: die Wahl der Probleme, die Aufstellung von Reihenfolge und Rangfolge der Erkenntnisabsichten, die Formulierung und Begrenzung der Hypothesen, die Festlegung eines Zeit-, Arbeits- und Personalplanes — dies alles wird auch in der Wissenschaft durch Beschlüsse geregelt, die nach den Modellen der politischen *Entscheidungs*prozesse organisiert sind. Und dies muß sich die Wissenschaft zugeben, wenn sie nicht der unkontrollierten Politisierung anheimfallen will. Es verrät den schon vollzogenen Verrat an der Wissenschaft, wenn dies als die drohende „Vermittelalterlichung" der Wissenschaft bezeichnet wird: Wie man damals über die Wahrheit der Lehren eines Galilei „abgestimmt" habe, so solle heute die Wahrheit der Wissenschaft einem Mehrheitsbeschluß unterworfen werden. Wer durch die Beschwörung solcher Bilder die in der Wissenschaft auftretende Entscheidungsnotwendigkeit leugnet und einen der Wissenschaft immanenten Drang zur Wahrheit einfach unterstellt, der liefert die Wissenschaft der Manipulation oder der revolutionären Usurpation aus.

„Politik" meint also nicht die Kunst des Staatsmannes, nicht Politologie und auch nicht die bloße Fortsetzung der Gemeinschaftskunde, d. h. der Verbindung von Geschichte, Sozialkunde und Geographie zu einer politischen Gegenwartslehre. Die Lehre von der Staatskunst und Politologie wären zu eng, die noch immer nicht systematisierte Verbindung der drei Einzeldisziplinen zu einer Gegenwartskunde wäre zu unbestimmt. Der Unterricht „Politik" soll den Kollegiaten vielmehr in ausgewählte politische Situationen einlassen und dadurch zugleich konkreter und im Einzelnen stärker spezialisiert sein als die bisherigen Formen der politischen Bildung. Die Theorie soll in ihm als ein Stück Praxis erscheinen, als ein Instrument der Systembewältigung wie als eine Möglichkeit der Systemkritik. Das wissenschaftliche Verständnis der Gesellschaft, die gesellschaftliche Funktion der Wissenschaft, die Erfahrung der Interdependenz und die methodische Durchleuchtung und Übung von Entscheidungsprozessen und deren Vorbereitung (von der Ökonomie über die Sozial- und Tiefenpsychologie bis zur Pädagogik) gehören in den Mittelpunkt einer modernen Wissenschaftspropädeutik.

Allgemeine Wahrnehmungs- und Gestaltungslehre — vornehmlich an der Kunst.
In diesem Unterricht wird die für die rationale gesellschaftliche Existenz wie für die Selbstbestimmung gleichermaßen wichtige Kritik und Kultivierung der Wahrnehmungs- und Gestaltungsvorgänge vorgenommen. In einem Zeitalter, in dem industrielle Produktions-, Konsumtions- und Kommunikationsformen vorherrschen, in dem der institutionelle Systemzwang auch die rationale (wissenschaftliche) Selbstbestimmung unterläuft, ist es wichtig, die sinnliche Primärwahrnehmung methodisch in der Offenheit und Kreativität zu üben. Wie das politische Entscheidungsmoment des Wissenschaftsprozesses, so soll auch das kreative Moment erkannt und entwickelt werden: Wissenschaft als angewiesen auf phantasievolle Wahrnehmung und ergänzende Gestaltung, produktive Hypothesen und Kombinationen. Dies würde in der Analyse *von* und im Vergleich *mit* künstlerischer Kreativität sichtbar zu machen sein.
Die Kunst wird hier verstanden als der perennierende Versuch des Menschen, sich aus den im strengen Sinn des Wortes „herrschenden" Zuständen frei zu spielen — durch Entdeckung von „Möglichkeit". Insofern ist die Kunst ein geeigneter Gegenstand, um *an* ihm die Bedingtheit, Variabilität und Gestaltbarkeit der Wahrnehmung, die Regeln ihrer Veränderung, die Folgen für die Ausdrucksformen, die Wirkungsgesetze zu studieren. Ein solcher Unterricht würde die akuten Anlässe und modernen Mittel der ästhetischen Analyse — von der Wahrnehmungspsychologie über die ästhetische Ideologiekritik bis zum einzelnen künstlerischen Experiment — enthalten. Die allgemeine Ästhetik tritt so zugleich in den Dienst einer allgemeinen Wissenschaftspropädeutik, indem sie die Prinzipien erkennbar und übbar macht, auf der Mensch jenseits allen Kunstschaffens oder aller Kunstausübung angewiesen ist: Entwurf, Assoziation, Improvisation, Individuation, Symbolisierung und so fort.

Als Berechnungsgrundlage für die Ausstattung des Kollegs und die Belastung der Kollegiaten gilt, daß jeder Pflichtunterricht zwei Wochenstunden beansprucht. Ob er in allen seinen Gliederungen durch alle vier Kollegjahre hindurch fortgesetzt werden muß, wird im Rahmen der Versuche entschieden werden müssen und hängt a) von dem Aufbau und Inhalt der Kurse und b) von ihrem getesteten Erfolg ab, so daß hierüber gegenwärtig nichts Endgültiges gesagt werden kann.

5.3. Gesamtunterricht

Während der Kollegiat im *Wahlfachunterricht* die Erfahrung von der Aufgabe und Leistung spezialisierter Verfahren macht und im *Ergänzungsunterricht* die Einsicht in ihren theoretischen Zusammenhang erhält, wird ihm im *Gesamtunterricht* die Erfahrung vom praktischen Zusammenhang der Wissenschaften vermittelt, von ihrer gegenseitigen Abhängigkeit, von den Verfahren, deren sie sich zu ihrer Kooperation bedienen, von den Schwierigkeiten, die sich bei der praktischen Anwendung von Theorie ergeben — eine Erfahrung, die vornehmlich an Problemen der gesellschaftlichen Wirklichkeit zu vermitteln ist. Die im Gesamtunterricht gestellten Aufgaben (oder Projekte) erstrecken sich zu einem bestimmten Teil auf den obligatorischen Ergänzungsunterricht und auf die Wahlfächer, d. h. auf die in ihnen lernenden Leistungsgruppen, die er auf diese Weise untereinander und mit sich verbindet. Die Themen werden im Gesamtunterricht gestellt; ihre Verarbeitung erfolgt zum Teil in den Wahlfächern; die Ergebnisse werden im Kolloquium des Gesamtunterrichts vorgetragen, diskutiert und kritisiert. Auf diese Weise sieht der Kollegiat, in welchem Maß auch „Bildung" eine Gemeinschaftsleistung ist.

Die Projekte sind als Epochenunterricht organisiert und werden in Abständen wieder angeboten. Die Lehrer treten hierbei im Team auf. — Der Gesamtunterricht sollte nicht weniger als ein Fünftel des übrigen Unterrichtsprogramms eines Kollegiaten ausmachen, also ca. vier Wochenstunden.

6. Durchschnittliche Wochenstundenbelastung der Kollegiaten

Wahlfächer: 1. Wahlfach 5 Wochenstunden
2. Wahlfach 5 „
Ergänzungsunterricht (z. B. 5 x 2) 10 „
Gesamtunterricht 4 „
insgesamt 24 Wochenstunden
(plus 2 Stunden Sport im ersten Jahr).

Diese Angaben stellen die durchschnittliche Wochenstundenbelastung der Kollegiaten mit Unterricht dar. Sie sollte wegen der geforderten intensiven eigenständigen Arbeit möglichst selten und geringfügig überschritten werden.

7. Die Lehrer des Oberstufen-Kollegs

Das differenzierte Kurssystem des Kollegs, sein Auftrag, ein Grundstudium für spezialisierte Wissenschaften zu vermitteln, die Tatsache, daß es in den bisherigen Hochschulraum hineinreicht, die Neuheit der hier zu bewältigenden didaktischen Probleme, der wissenschaftliche Charakter des Experiments und die damit verbundenen pädagogischen Ziele stellen eine Reihe von außerordentlichen Anforderungen an den Kolleglehrer.

— Das Oberstufen-Kolleg erfordert einen fachlich hochspezialisierten Lehrer, und d. h. er muß mit den theoretischen Strukturen und den praktischen Problemen und Entwicklungen seiner Disziplin so vertraut sein und bleiben, daß er im Rahmen eines vierjährigen Grundstudiums mit hoher Wochenstundenzahl den Kollegiaten bis zu einem „forschenden Lernen" führen kann.
— Zugleich muß der Kolleglehrer ein „allgemein gebildeter" Lehrer sein, und d. h. er muß zu interdisziplinärer Zusammenarbeit und zum bewußten Überschreiten seiner Fächergrenzen fähig und bereit sein.
— Der Kolleglehrer muß sich um beider Anforderungen willen häufig einer systematischen Fortbildung unterziehen, für die er vorerst selber die Fragen und Aufgaben zu formulieren hat.
— Der Kolleglehrer muß weiterhin in der Lage sein, an der Erforschung und Entwicklung von Curricula mitzuarbeiten, und d. h. er muß über das Rüstzeug für diese zusätzliche wissenschaftliche Tätigkeit und über die damit verbundene Möglichkeit der Problematisierung und Kritik seiner eigenen Kompetenzen verfügen.
— Der Kolleglehrer muß zu einer langfristigen Unterrichtsplanung fähig sein und dazu die Stellung des Kollegs zwischen der Sekundarstufe und der Quartärstufe einschätzen und relativieren können, und d. h. er muß die voraufgehenden und folgenden Ausbildungsabschnitte, ihre Ziele und Verfahren kennen — das Verhältnis von Schulunterricht und Universitätsstudium, von Schulfach und Wissenschaftsdisziplinen, von Theorie und Anwendung auf einer höheren Stufe der Spezialisierung, also Aufgaben, für die es bis heute keine Ausbildung gibt.
— Alle Kolleglehrer müssen gründlich in ihre neue Aufgabe eingearbeitet und d. h. vor allem von den alten Vorstellungen und Normen emanzipiert werden. Dies kann u. a. durch eine extensive Konferenz- und Hospitationspflicht erreicht werden und durch eine längere Vorbereitungszeit. Darum hat man

in Bielefeld für die dreijährige Bau- und Planungszeit hauptamtliche Aufbaukommissionen aus zukünftigen Mitgliedern des Kollegiums gebildet, die die Trassen für die weitere Arbeit legen; man wird die Lehrer selbst ein ganzes Jahr vor Unterrichtsbeginn berufen, um die nötigen praktischen Vorarbeiten für einen wirklich veränderten Unterricht zu leisten.
— Der Kolleglehrer wird vor allem, wenn er nicht dem Druck der Erwartungen von außen, den gewohnheitlichen Regelungen im Innern, der Abhängigkeit von den voraufgehenden und nachfolgenden Einrichtungen erliegen will, seine Position wissenschaftlich und politisch mit besonderer Selbständigkeit behaupten müssen.
Die Konzeption und Ausbildung von Stufenlehrern[1] wird dem Kolleglehrer viele Aufgaben erleichtern, indem er für die spezifischen Probleme dieser Ausbildungsstufe vorbereitet wird. Zugleich muß verhindert werden, daß die Universitäten sich im Zuge der Stufenlehrerausbildung und der Verlagerung der gesamten Lehrerbildung an sog. Erziehungswissenschaftliche Universitäten vorbehalten, nur noch Kolleglehrer auszubilden, während sie die Ausbildung der Lehrer für die Sekundarstufe nach „unten" abgeben. Damit würde ein gefährlicher Zirkel von Anspruch und Erfüllung entstehen. Man hätte die neue horizontale Stufung des Ausbildungswesens dazu benutzt, das alte vertikale System eine Stufe anzuheben und dadurch zu retten. Die Hochschule würde sich dabei vor allem die Notwendigkeit ersparen, eine Didaktik zu entwickeln, und der Rückkoppelungseffekt, den das Oberstufen-Kolleg zwischen Schule und Hochschule herzustellen geeignet ist, würde dadurch wieder ausgesetzt.
Die Forschungsaufgaben der Kolleglehrer und die notwendige enge Kooperation mit den Wissenschaftlichen Hochschulen machen es ratsam, die Kolleglehrer zugleich als Fachleute für die Didaktiken der einzelnen Disziplinen mit Lehraufträgen an der Hochschule einzusetzen; sie sollten dazu Forschungssemester und soweit wie möglich alle Freiheiten des akademischen Lehrers und Forschers haben.
Das Oberstufen-Kolleg muß so verfaßt sein, daß es seinen Mitgliedern — Lehrern wie Kollegiaten — einen großen Spielraum aktiver Selbstgestaltung gibt. Die organisatorischen und didaktischen Aufgaben müssen von den Kolleglehrern und Kollegiaten in eigener Verantwortung gestaltet und gelöst werden und dürfen nicht im voraus durch detaillierte Vorschriften und Programme fixiert werden. Um dem Oberstufen-Kolleg diesen Spielraum zur freien Gestaltung konkret zu garantieren, sollen darum die verschiedenen möglichen Rechtsformen (Anstalt, Institut an der Hochschule, private Stiftung, Körperschaft des öffentlichen Rechts) auf ihre Eignung für den eigentümlichen Zweck des Oberstufen-Kollegs eingehend geprüft werden.

---

[1] Vgl. die Empfehlungen der Bildungskommission des Deutschen Bildungsrats: *Strukturplan für das Bildungswesen.* (1970), S. 227—237.

8. Rechts- und Verwaltungsform

Die pädagogische Zielsetzung des Oberstufen-Kollegs verlangt die aktive Gestaltung des Inhalts und des Ablaufs der Lehr- und Lernveranstaltungen durch gemeinsame Willensbildung der Lernenden und der Lehrenden. Die hierfür geeignete Rechtsform für die Erfüllung dieser Zwecke ist die Personalkörperschaft mit Satzungsbefugnis. Diese bedarf der Rechtsfähigkeit, um Träger eigener Rechte und Pflichten sein sowie Organe bilden und Organwalter bestellen zu können. Der Staat übt die Rechtsaufsicht und bestimmte Vorbehaltsrechte aus. Eines dieser Vorbehaltsrechte bezieht sich auf die Mitwirkung bei der Gestaltung der Lehrpläne. Die Experimente der Pflichtfächer neuer Art und des projektorientierten Gesamtunterrichts sind kaum nach einheitlichen, außerhalb des Oberstufen-Kollegs festgelegten Richtlinien zu verwirklichen. Deshalb sollte das Oberstufen-Kolleg befugt sein, selbständig und eigenverantwortlich Lehrpläne zu entwickeln. Diese werden dann der staatlichen Aufsichtsbehörde zur Bestätigung vorgelegt; die staatliche Aufsichtsbehörde hat nicht die Zweckmäßigkeit, sondern nur die Rechtmäßigkeit zu prüfen; eine Ablehnung ist zu begründen. Eine Teilnahme staatlicher Organe an Lehr- oder Prüfungsveranstaltungen widerspricht der Selbstverantwortlichkeit des Oberstufen-Kollegs.
Die Lehrer für das Oberstufen-Kolleg dürften regelmäßig die Vorbildung für die Bildungseinrichtungen Schule oder Hochschule besitzen, also zwei Staatsexamina oder Promotion. Sie sind damit auch an anderer Stelle im Landesdienst verwendbar. Mithin besteht kein Hindernis, dem Oberstufen-Kolleg die Wahl seiner Lehrer weitgehend freizustellen, wie selbst offene Stellen auszuschreiben, Bewerbungen zu bewerten, Lehrer von anderen Einrichtungen zu sich abordnen zu lassen und im Auftrag des Ministeriums neue Kolleglehrer auf Probe oder auf Zeit einzustellen. Anstellung auf Lebenszeit bleibt dagegen, auf Vorschlag des Oberstufen-Kollegs, Sache des Ministeriums.
Das Problem der unterschiedlichen Besoldung für gleichartige Leistungen der Kolleglehrer stellt sich in gleicher Weise für die Gesamtschule. Für diese hat die Bildungskommission des Deutschen Bildungsrats bis zu einer Neuregelung eine Angleichung der Gehälter durch nicht ruhegehaltsfähige Stellenzulagen empfohlen. Diese Lösung erscheint auch für das Oberstufen-Kolleg anwendbar. Daneben können Funktionszulagen für die Wahrnehmung von Leitungs-, Koordinations- oder anderen Sonderaufgaben vorgesehen werden, wenn sich tatsächlich Funktionen finden, die nicht mit den für ein Experiment normalen Aufgaben und Belastungen abgedeckt sind. Auch die Frage, ob Berater im Oberstufen-Kolleg wie Lehrer behandelt werden sollen, kann nicht von vornherein entschieden werden, sondern erst, wenn längerfristige Erfahrungen vorliegen oder sich der Beruf des Bildungsberaters überhaupt durchsetzt.
Zur selbstverantwortlichen Wahrnehmung seiner Aufgaben bedarf das Oberstufen-Kolleg eines gewissen finanziellen und planerischen Spielraums. Als

rechtsfähige Körperschaft sollte deshalb das Oberstufen-Kolleg einen eigenen Haushaltsplan aufstellen und zum eigenverantwortlichen Vollzug des Haushalts ermächtigt sein, während der Staat einen Zuschuß in Rahmenbeiträgen für die wichtigsten Ausgabearten bewilligt, nämlich die Personalausgaben anhand des Stellenplans, die Sachausgaben und die besonderen Zweckausgaben (z. B. für Unterrichts- und Forschungsprojekte). Dazu gehört Beweglichkeit im Stellenplan und in der Verwendung der Mittel (gegenseitige Deckungsfähigkeit, Übertragbarkeit). Die Kosten für Investitionen (Grunderwerb, Bauten, Ausstattung etc.) sind wie üblich im Staatshaushaltsplan im einzelnen zu veranschlagen. Die Kontrolle der Ausgaben des Oberstufen-Kollegs ist Sache des Rechnungshofes. Mit dieser Lösung wird das Oberstufen-Kolleg in die Lage versetzt, auf wechselnde Bedürfnisse flexibel zu reagieren, ohne daß die Forderung nach einem Globalzuschuß gestellt werden müßte.

V. Mögliche Einwände gegen das Oberstufen-Kolleg und Erwiderungen darauf

Einwände gegen die hier vorgelegte Konzeption eines Oberstufen-Kollegs können sich gegen verschiedene Sachverhalte richten — gegen seine mögliche Verallgemeinerung als bleibender und normierender Bestandteil eines neuen Systems oder gegen einzelne Elemente des Planes oder gegen den Versuchscharakter des Oberstufen-Kollegs, d.h. gegen die Risiken, den Präzedenzfall, die Einseitigkeiten, die daraus entstehen, und dergleichen mehr; die Einwände können auch aus verschiedenen Lagern kommen und können sich also untereinander durchaus widersprechen. Um der meist gemeinsamen Erwiderung willen ist nicht versucht worden, die Einwände in getrennte Gruppen zu sortieren. Sie werden hier — aufgeteilt in kürzere Einzelargumente — ohne Rücksicht auf ihr relatives Gewicht in leicht systematisierter Reihenfolge aufgezählt und beantwortet.

1. Die Gefahren einer zu frühen Spezialisierung

Einwand: Durch die Abtrennung des Oberstufen-Kollegs von der Sekundarstufe und durch die Beschränkung auf solche Ausbildungsgänge, die an Wissenschaftlichen Hochschulen fortgesetzt werden, wird die Berufs- und Studienwahl, gemessen am bisherigen Verhältnis von Gymnasium und Hochschule, um drei Jahre früher getroffen. Dadurch stellt sich das Oberstufen-Kolleg nicht nur gegen den allgemeinen Trend, die Wahlentscheidung möglichst hinauszuschieben, es leistet vor allem einer gefährlichen und unnötigen frühen Spezialisierung Vorschub. Es verstärkt damit den in der spezialisierten Leistungsgesellschaft schon herrschenden Druck zur Ausbildung solcher Fertigkeiten, die sich reibungslos in die bestehenden Ordnungen einfügen, und vermindert die Chance der in unserer Gesellschaft nötigen kritischen Gesamtorientierung, des Konsens über gemeinsame Aufgaben und der Kommunikation und Kooperation in gemeinsamen Verfahren.

Erwiderung: Die Vorverlegung der Berufs- und Studienwahl gilt nur für einen heute noch bei ca. 10 % liegenden Anteil der Schülerschaft, soweit sie nämlich die Oberstufe eines Gymnasiums besucht bzw. das Abitur absolviert. Für alle anderen fällt die Entscheidung eben zu dem Zeitpunkt, zu dem sie auf dem Oberstufen-Kolleg fallen soll, oder schon früher. Für jene 10 % bedeutet der Eintritt in das Oberstufen-Kolleg keine frühere *Festlegung*, sondern eine frühere

Konfrontation mit einem der schwersten Probleme ihrer gesellschaftlichen Existenz und das *Angebot* wirksamer Hilfen zu seiner Lösung. Die Wahl wird am Oberstufen-Kolleg rechtzeitig bewußtgemacht, geprobt, begründet und revidierbar gehalten. Die Spezialisierung ist eines der allgemeinsten Kennzeichen und Schwierigkeiten unserer modernen Welt. Das gegenwärtige Ausbildungssystem überläßt es dem Schüler, wie er mit ihm fertig wird: Es liefert ihn dem Spezialistentum, das der Schule folgt, ohne Kritik und Sicherung aus; das Spezialistentum innerhalb der Schule wird weder von den Lehrpersonen noch von den Aufgaben und Institutionen in einen Zusammenhang integriert; die „Einheit der Bildung" gibt es nur in den Präambeln. — Das Nacheinander von Allgemeinheit und Spezialisiertheit und das Nebeneinander von Spezialisiertheiten sollte einer systematischen Gleichzeitigkeit und gegenseitigen Herausforderung, einer ständigen Wechselwirkung unter ihnen weichen.
Im übrigen darf und muß das Oberstufen-Kolleg die weiteren Entwicklungen in Rechnung stellen: Eine didaktisch differenzierte Gesamtschul-Mittelstufe wird die Schüler auf eine Wahlentscheidung nicht nur vorbereitet haben, sie wird eine weitere Differenzierung auf der Tertiärstufe geradezu erzwingen.

2. Die Gefahr einer schichten-spezifischen Anziehung oder Abschreckung durch den direkten Bezug des Kollegs auf die Hochschulausbildung

Einwand: Die Möglichkeit, sich frühzeitig gleichsam die „Anrechte" auf ein universitäres Studium zu erwerben, indem man das größere Risiko eines Oberstufen-Kollegs wagt, kann dem Oberstufen-Kolleg — zumal wenn das Studium weiterhin durch Numerus clausus bedroht bleibt — einen starken sozial motivierten Andrang zuziehen. Umgekehrt werden die Schichten, die für die Planung, die Dauer und die Risiken der damit verbundenen Ausbildung weder die kulturellen Voraussetzungen noch die finanziellen Mittel, noch die Motivation mitbringen, durch die frühe Entscheidung für die weiterreichende, niveauhöhere Institution abgeschreckt. Eine solche frühe Entscheidung hat sich bei der Sexta-Aufnahme, beim 11+-Examen und bei allen „Prep-Schools" sozial-selektiv ausgewirkt. Kann das Oberstufen-Kolleg obendrein, gemessen am Andrang, nur wenige Kollegiaten aufnehmen, wird allein schon durch diesen Umstand der Prestige-Charakter erhöht, und das Oberstufen-Kolleg wird seine Aufmerksamkeit auf Auslese konzentrieren — wenn nicht auf die positive zu Beginn, weil hier das Los herrscht, so doch auf die negative im Verlauf der Kollegjahre, indem die Erfolgsbestätigung zurückhaltend erteilt wird.
Schon das Experimentalprojekt, das gegen diese Anfechtung durch das Losverfahren einerseits und sein didaktisches Interesse andererseits gesichert zu sein

scheint, wird diese Gefahren ins Auge fassen müssen, wenn es nicht nur die Inhalte, sondern auch den Organisationstyp zum Experimentalgegenstand macht. Es muß dann einen Zustand des Bildungswesens vorwegnehmen, in dem keine beliebigen Ausweichmöglichkeiten in andere Ausbildungsinstitutionen bestehen.

Erwiderung: Der Einwand gegen eine sozial-selektive Rolle, die das Oberstufen-Kolleg möglicherweise spielen könnte, wäre berechtigt, wenn wir ein durchgehendes Gesamtschulsystem mit integrierten Gesamtschuloberstufen hätten. Gemessen an der früheren Entscheidung, zu der die heutigen weiterführenden Schulen zwingen, bedeutet ein Oberstufen-Kolleg eine beträchtliche Verzögerung der Entscheidung und eine beträchtliche Erweiterung der Klientel durch die voraussetzungslose Öffnung für alle, die ein 10. Schuljahr abgeschlossen haben. Nimmt man hinzu, daß heute etwa 90 % der Absolventen des Gymnasiums auf die Hochschulen weitergehen wollen, so darf man die abschreckende Wirkung, die von der Perspektive auf die fortgesetzte Ausbildung ausgehen könnte, nicht zu hoch veranschlagen.
Daß kulturell unterprivilegierte Schichten auf das Risiko eines Studiums anders reagieren als die etablierte Bildungsschicht, z. B., weil sie den Sinn einer so langen Ausbildung nicht abzusehen vermögen, bezeichnet nicht so sehr eine Schwäche des Oberstufen-Kollegs als vielmehr eine bisher versäumte Aufgabe der vorausgehenden Stufen. Sie sollten durch geeignete Maßnahmen — z. B. durch differenzierenden Unterricht und integrierte Organisation — die Bildungshemmungen der Kinder der unteren Schichten im Laufe von immerhin 10 Schuljahren abgebaut haben. Wenn das Oberstufen-Kolleg etwas zur Lösung des Verteilungsproblems beitragen kann, dann allein dadurch, daß es die fiktive Selbstbestimmung derer, die im herkömmlichen System das Abitur machen, durch einen mehrjährigen, rechtzeitigen, zielgerichteten Lernprozeß in eine reale umzuwandeln hilft.
Die Vermutung, daß der Andrang zum Oberstufen-Kolleg groß sein werde, ergibt sich aus der gegenwärtigen Bedarfs- und Erwartungslage. Wenn sich das institutionelle Angebot ändert, kann sich auch die Mentalität ändern. Amerika, das die Gleichstellung der verschiedenen Arten von Colleges und Professional Schools — als Institutionstyp — weitgehend vollzogen hat, kämpft heute längst mit einem anderen Problem: wie man den Studenten zum Durchhalten der Ausbildung motiviert. Die Dropout-Problematik — nach kompetenten Schätzungen soll die Dropout-Quote an den High Schools 1970 50 % betragen haben — zeigt, was geschieht, wenn der Aufstieg nicht mehr durch institutionelle Schranken, sondern weitgehend durch Sachanforderungen und das Job-Angebot beschränkt wird.
Die Befürchtung, das Oberstufen-Kolleg könne zu erfolgreich werden, zieht die außerordentlichen Widerstände nicht in Betracht, die dieser Einrichtung seitens der Hochschule und der Öffentlichkeit entgegenstehen. Das Oberstufen-Kolleg wird

— hartnäckig und gegen die Intention seiner Erfinder als eine Verlängerung der Schulzeit ausgelegt,
— wegen der frühen Festlegung und Spezialisierung gescheut und
— wegen des Fortfalls des Abiturs beargwöhnt.

Eine Verlängerung der Schulzeit ist im übrigen mit Recht unpopulär, trifft aber gerade für das Oberstufen-Kolleg nicht zu. Derjenige, der weiterstudieren will, spart durch das Oberstufen-Kolleg Zeit (vgl. oben S. 56 f.).

Ein Vergleich mit der Aufnahme in Sexta, mit dem 11+-System und den Prep-Schools ist nicht zutreffend: Das Oberstufen-Kolleg beginnt 6 bzw. 5 Jahre später, nach der Pubertät und nach einer 10jährigen Schulerfahrung. Der Elitecharakter jener anderen Einrichtungen kann daher kein Einwand gegen die Notwendigkeit von Entscheidungen zu diesem Zeitpunkt sein.

Was bei einer möglichen Verallgemeinerung des Oberstufen-Kollegs geschehen wird, ist nicht vorherzusagen, weil es sicher nicht die einzige Veränderung sein wird, die das System durchmacht. So wird ein wirkliches, nicht nur scheinbares Gesamtschul-, Gesamtkolleg- und Gesamthochschulsystem die Prestigefrage weitgehend irrelevant gemacht haben.

Zugleich enthält die diesem Einwand zugrunde liegende Auslegung des Oberstufen-Kollegs und seiner mutmaßlichen Wirkungen etwas Richtiges: Die universitäre Ausbildung ist durch die falsche Hierarchisierung der Bildungseinrichtungen zu falschem Ansehen gekommen. Sie ist weder so glanzvoll noch so angenehm, noch zahlt sie sich in dem Maße aus, wie man sich das vorstellt. Sie ist vielmehr voller Risiko, dauert objektiv länger als alle anderen derzeit angebotenen Ausbildungsgänge und führt zu Positionen mit schwerer Arbeits- und Verantwortungslast ohne eine wirklich entsprechende Vergütung an Geld, Macht und Befriedigung. Wer diesen Weg einschlägt, nimmt dieses Risiko auf sich. Dieses Risiko wird durch die Entscheidung für das Oberstufen-Kolleg ganz deutlich: es ist eine Entscheidung für eine mühsame, lange, nicht beliebig austauschbare Laufbahn. Eben darum aber sollte diese Entscheidung an diesem Punkt nicht durch weitere Auflagen belastet werden — z. B. durch die Forderung nach bestimmten Fach- oder Durchschnittsleistungen, Eignungsprüfungen und dergleichen mehr.

3. Die Gefahr von Fehlentscheidungen aufgrund mangelnder Prognostik oder Entscheidungskriterien

Einwand: Nicht nur das frühe Alter, vor allem die bis dahin fehlende Erfahrung mit den Gegenständen eines möglichen späteren Berufs oder Studiums verhindern eine rationale Entscheidung an diesem Punkt. Wirkliche Prognosen über den Studienerfolg können nicht ohne ausgiebige Einübung und Erprobung in einem Oberstufenunterricht an relativ fortgeschrittenen Gegenständen gewagt werden; falsche Ansprüche dagegen würden schwer wiedergutzumachende Fehlentscheidungen verursachen. Der Verzicht obendrein auf ein Abitur II, durch das solche Fehlentscheidungen gemildert werden könnten, indem dem Kollegiaten die Möglichkeit eines früheren Abgangs eröffnet würde, erhöht die Gefahr, daß eine abschreckende Wirkung vom Kolleg ausgeht und es vollends zur Institution einer Minderheit wird: einer Minderheit, die ohnedies zur Wahrnehmung eines Hochschulstudiums entschlossen ist.

Erwiderung: Die curricularen Veränderungen auf der Tertiärstufe werden auch hier dem Oberstufen-Kolleg teils entgegenkommen, teils von ihm herausgefordert und beschleunigt werden. Die falsche Einteilung, „erst lernen, dann studieren", wird aufgehoben und eine Erprobung der „Studierfähigkeit" an geeigneten Gegenständen schon früher vorgenommen werden können. Vor allem aber sind Prognosen des Studienerfolges weniger wichtig, so lange die Sicherung eines begründeten Studienwunsches und der Studienerfolg an fraglichen Anforderungen gemessen werden. Es ist die primäre Absicht des Oberstufen-Kollegs, den vielen unsichtbaren Fehlentscheidungen vorzubeugen und gerade die im bisherigen Abitur liegende Fiktion, hiermit sei eine besondere Entscheidungsreife erreicht, nicht aufkommen zu lassen, d. h. ein Sozialprestige nicht mit einer sachlichen Hilfe zu verwechseln.

4. Die Gefahren der Wahlfreiheit und der Wahllenkung

Einwand: Die dem Schüler eröffnete Wahl zwischen 35 bis 45 Fächern und ihre beliebige Kombination muß zu unsinnigen Studiengängen und damit zu einer Verminderung der beruflichen Qualifikation führen. Wenn dagegen die freie Wahl gar nicht frei ist, sondern von den hauptberuflichen Beratern gefällt wird, dann ist das Oberstufen-Kolleg das Gegenteil von dem, was es zu sein behauptet — kein Instrument der Selbstbestimmung, sondern eines der Lenkungstechnokratie.

Erwiderung: Der Sprung von 12 bis 15 vorgeschriebenen Schulfächern zu 35 bis 45 Wahlfächern im Kolleg ist nicht so groß wie der von 12 bis 15 Abiturfächern zu über 200 Disziplinen an Wissenschaftlichen Hochschulen, ganz abgesehen von den Hilfen, die dem Kollegiaten in den Ergänzungsfächern, dem Gesamtunterricht und deren vorgängiger Koordinierung durch das Kollegium zuteil werden, einer Koordinierung, die den heutigen Hochschulen fast völlig fehlt.
Was die Berater-Frage betrifft, so mögen die Besorgnisse eines Tages nicht

unberechtigt sein. Einstweilen liegt es umgekehrt, daß wir uns in Deutschland der Frage der systematischen Schullaufbahn- und Studienberatung praktisch noch kaum angenommen haben. Es ist ebenso wichtig, die Schwierigkeiten des Laufbahn- und Wahlsystems nicht ganz auf die erhofften Möglichkeiten eines Beratungsdienstes zu stellen, wie diese Möglichkeiten bei der Reform des Ausbildungswesens nicht völlig zu übergehen. Das Oberstufen-Kolleg bietet ausgezeichnete Wege zur Erprobung dieser Möglichkeiten, indem der Kollegiat noch im Zwischenstadium zwischen Schüler- und Erwachsensein steht — zwischen Lenkung und völliger Selbstbestimmung.

5. Die Gefahr einer Schmälerung und Entmaterialisierung der Grundstudien

Einwand: Das Angebot an Spezialkursen muß am Oberstufen-Kolleg notwendig schmaler sein als an der Hochschule. Diese wird besorgt sein, daß nunmehr die materiale Vorbildung eines Teils ihrer zukünftigen Studenten noch stärker als bisher vernachlässigt wird, nämlich immer dann, wenn das Studienfach nicht mit dem Wahlfach zusammenfällt. Wer z. B. im Oberstufen-Kolleg die Wahlfächer Musik und Latein gewählt hat, dann aber Latein und Geschichte studieren will, der wird ganz gewiß weniger Geschichtskenntnisse mitbringen als der bisherige Abiturient, der obendrein ein bis eineinhalb Jahre früher fertig gewesen ist. Wo lernt der Student der Germanistik das nötige Latein? Wann Mittel- und Althochdeutsch? Wenn er erst nach dem 14. statt nach dem 12. Schuljahr an die Universität kommt (angenommen, das 13. Schuljahr entfällt), ist also mit einer massiven Verlängerung der Ausbildungszeit zu rechnen — oder das Oberstufen-Kolleg unterwirft sich den Vorstellungen, die die Universität von Anfangsstudien und Vorprüfung hegt.
Es werden überdies nicht alle Grundstudien im Rahmen eines solchen Oberstufen-Kollegs zu absolvieren sein: Es ist z. B. fraglich, ob es möglich sein wird, am Oberstufen-Kolleg den Rahmenprüfungsordnungen der KMK und der WRK für die Diplomprüfungen und für das Lehramt an Höheren Schulen zu entsprechen; nicht weniger problematisch ist, ob die in den Ingenieurwissenschaften geforderten rund 10 Fachrichtungen oder die im Medizinstudium, in der Biologie und in anderen Naturwissenschaften obligaten Laborkurse am Oberstufen-Kolleg nachgewiesen werden können.

Erwiderung: Daß die formalen Momente der Ausbildung gegenüber den materialen bestätigt und vorangetrieben werden, ist kein Einwand gegen das Oberstufen-Kolleg, sondern seine begründete Absicht. In diesem Punkt scheint die Universitätsdidaktik hinter der der Höheren Schule zurückzustehen. Es geht im

Angesicht der uferlosen Expansion des Wissens heute nicht um mehr Faktenkenntnis, sondern um sinnvolle Auswahl, nicht um breitere Grundlagen, sondern um das Verhältnis von sorgfältig bearbeitetem Detail zu allgemeiner Anwendung und Einordnung, nicht um ständige Präsenz der Kenntnisse, sondern vor allem um die Methoden der Aneignung, Vergewisserung, Kritik und Vermittlung, mit denen wechselnde Erkenntnisse verarbeitet und der Verwendung in einer kooperativen Unternehmung zugeführt werden können.

Die Bestimmung der Inhalte des Grundstudiums neuer Art soll das Ergebnis des Experiments sein und hier nicht vorweggenommen werden — auch nicht durch die bestehenden Vorschriften. Es ist denkbar, daß das Oberstufen-Kolleg die Mehrzahl der geltenden Forderungen an das Anfangsstudium übernehmen wird; es muß dann entsprechend eingerichtet werden. Es ist aber auch denkbar, daß es einige dieser Forderungen mit guten Gründen in ein anderes Stadium verweist oder überhaupt ablehnt.

Es ist vorgesehen, daß die kooperierende Universität ihre Einrichtungen mit dem Oberstufen-Kolleg teilt, wo das nötig ist, und daß sie ihre eigenen Studienpläne nach den Erfahrungen im Oberstufen-Kolleg ändert, wo es sich empfiehlt.

6. Die Gefahr einer Festlegung der Wissenschaftspropädeutik der Tertiärstufe auf die gegenwärtigen universitären Studien ohne Berücksichtigung möglicher anderer Entwicklungen

Einwand: Die Abgrenzung des universitätsbezogenen Kollegs gegen andere Einrichtungen der Tertiärstufe wird kaum anders als nach historischen Kriterien vorgenommen werden können: die traditionellen universitären Fakultätsbereiche werden im Kolleg vorbereitet, die anderen außerhalb. Diese Tatsache wird die Orientierung auf die akademische (= universitäre) Ausbildung hin schon auf die letzten Jahre der Sekundarstufe verlagern und dort außerordentlich verstärken. Der Andrang zur Universität wird gerade nicht abgefangen und die Universität weiterhin genötigt, „Abwehrmaßnahmen" zu ersinnen. Die Fachhochschulen, der Anspruch weiterer Berufsbereiche auf wissenschaftliche Ausbildung und die Möglichkeiten einer Gesamthochschule werden in diesem Plan nicht berücksichtigt.

Erwiderung: Der Umfang des Oberstufen-Kollegs ist keineswegs an die herkömmlichen akademischen (universitären) Disziplinen gebunden. Es ist nicht einzusehen, warum medizinische und philologische, juristische und theologische, historische und landwirtschaftliche Disziplinen im *gleichen* Kolleg organisiert sein sollen (nur weil sie heute an Universitäten vorkommen) und Technologie, Entwicklungsländerkunde, Betriebswirtschaft woanders und je für sich. Der vorgelegte Plan stellt nur eine mögliche Variante dar, die sich freilich den gegenwärtigen Hochschulen als besonders leicht annehmbar präsentiert. Sollte er allgemein verwirklicht werden, könnten die Einheiten je nach dem örtlichen Vermögen anders definiert werden, wie es denn auch Medizinische, Theologische, Landwirtschaftliche, Technische, Pädagogische, Wirtschafts- und Kunsthochschulen für sich gibt.

Der Ausdehnung des Kolleg-Systems auf die Fachhochschulen und die spätere Gesamthochschule steht nichts im Wege, wenn diese eine Zielmarke innerhalb ihrer Studienpläne angeben können, die mit Abschluß des Kollegs erreicht sein soll und die eine vierjährige Vorbereitungszeit rechtfertigt, und wenn sich erweist, daß sie selber eine Art von Wissenschaft betreiben, die von der Wissenschaftspropädeutik des Oberstufen-Kollegs profitieren kann. Dies wäre z. B. dann nicht der Fall, wenn sie sich weitgehend auf eine gehobene Berufsausbildung und deren theoretische und praktische Grundlagen konzentrieren.

Schwierigkeiten bereitet dagegen die Präokkupation der Fachhochschulen und derjenigen Einrichtungen, die Fachhochschulen werden wollen, mit der Fixierung der Eingangsbedingungen. In den bisherigen Regelungen ist das wichtigste Problem ungelöst geblieben: das Verhältnis von allgemeiner Bildung und Spezialausbildung und die horizontale Mobilität auf der Tertiärstufe. Die Regelungen stehen vielmehr in einem Gegensatz zur Grundidee des Oberstufen-Kollegs. Das Oberstufen-Kolleg wird vor allem in der Absicht eingerichtet, dieses Verhältnis auf seinem Sektor sinnvoll zu machen, Schulunterricht und Wissenschaft systematisch und ohne Rücksicht auf die historischen Vorlagen aufeinander zu beziehen. Die mit dem Aufstiegsbemühen der Höheren Fachschulen, Akademien und Fachhochschulen verbundene Betonung einer vorgegebenen Skala von sukzessiv zu erwerbenden „Reifen" (einer Berufsreife nach dem 10. Jahr an Hauptschulen; einer Fachkollegreife nach dem 10. Jahr an Realschulen und Gymnasien; einer Kollegreife nach dem 11. Schuljahr; einer Fachhochschulreife nach dem 12. Schuljahr; einer Hochschulreife nach dem 13. Schuljahr) befestigt nicht nur eine hierarchische Anordnung der Einrichtungen und der von ihnen erteilten Berechtigungen, sondern auch einen bedenklichen quantitativen Bildungsbegriff. Dahinter steht die Vorstellung, man könne das bisherige einheitlich-lineare Curriculum an seinem Ende an beliebigen Stellen abbrechen und dabei gleichwohl zu jeweils sinnvollen Abschlüssen gelangen. Diese Illusion wird das Oberstufen-Kolleg zerstören helfen. Das Oberstufen-Kolleg will sich gerade nicht an der weiteren Quantifizierung und Hierarchisierung der Abschlüsse beteiligen — dem Mehr oder Weniger an Berechtigung für ein Mehr oder Weniger vom selben Kanon —, sondern ersetzt sie zu einem Teil durch einen pädagogischen Prozeß.

7. Die Gefahren des Losverfahrens bei der Aufnahme

Einwand: Die vorgesehene Auswahl durch das Los wird unzumutbare Unterschiede in Kenntnis-, Begabungs- und Motivationsniveaus verursachen und damit die Arbeit am Oberstufen-Kolleg sehr erschweren.

Erwiderung: Diese Mühsal muß nicht nur in Kauf genommen werden, sie ist den didaktischen Absichten des Oberstufen-Kollegs außerordentlich heilsam. Die Erprobung der notwendigen und möglichen didaktischen Differenzierung, der Einsatz von Programmen und anderen Förderungstechniken, die Entwicklung vor allem von Unterrichtseinheiten, die „voraussetzungslos" benutzt werden können, sind wichtige Teilaufgaben bei der Bewältigung der sogenannten Massen — der Schüler- wie der Stoffmassen. Die Didaktik von Schule und Hochschule wird sich zunehmend darauf konzentrieren, Lernvorgänge, Lernmaterialien und Lernsituationen zu schaffen, in denen die Ziele formal und nicht material definiert sind und die Disziplinen an ihren Aufgaben, Prinzipien und Methoden mehr als an ihren Substanzen gelernt werden.
Die Rücksicht auf die *individuelle unterschiedliche Ausgangslage* des Lernenden ist die wichtigste Umstellung, die sich in der modernen Didaktik zu vollziehen hat. Das Oberstufen-Kolleg wird auf die Dauer die Funktion der Kollegs zur Erlangung der Hochschulreife übernehmen. Dazu vor allem ist eine Didaktik nötig, die von verschiedenen *learning sets* ausgeht.

8. Gefahren für die Struktur der Lehrerschaft

Einwand: Es besteht die Gefahr, daß sich mit dem Kolleglehrer ein neuer statusträchtiger Lehrertypus entwickelt, der für seine neue Aufgabe — mit Recht — eine neue Ausbildungsqualifikation durchsetzt, dadurch jedoch auch eine neue elitäre Position schafft, deren Prestigecharakter die sachliche Notwendigkeit wirklich veränderter pädagogischer Funktionen überlagert. Die Ausbildung der Lehrer anderer Stufen wird sich aus Statusgründen an diesem sachlich für sie nicht maßgebenden Typus orientieren, und zwar um so mehr, wenn die Oberstufen-Kollegs herkömmlichen Universitäten zugeordnet werden, die ihrerseits dazu tendieren, sich in eine obere forschende und ein untere lehrende Etage zu gliedern und andere Hochschulen ganz unter sich zu lassen. Die Universitäten, bedrängt von den nicht nur großen, sondern unruhigen und fordernden Studentenmassen, werden das Bündnis mit den Kolleglehrern nur zu gern eingehen: Die Lehrerbildung, die doch nach den Forderungen der Reformer immer schon „integriert" werden sollte, wird an die äußerlich zu

Universitäten aufgewerteten Pädagogischen Hochschulen abgegeben; der Kolleglehrer dagegen wird weiterhin an den „alten" Universitäten ausgebildet — in der „Wissenschaft selbst" —, die sich damit zugleich alle Anfechtungen durch die Didaktik ersparen.

Erwiderung: Dieser Einwand bezeichnet ein Problem nicht des Oberstufen-Kollegs, sondern des bestehenden Ausbildungssystems überhaupt. Den Mißbrauch von Einrichtungen kann man nur verhindern, indem man sie mit den entsprechenden Sicherungen ausstattet und ihre Prinzipien, ihre Aufgaben, ihr Problembewußtsein deutlich begründet und immer wieder bekundet. Vor allem aber muß man veränderte Verhältnisse schaffen. Solange ein Kollegstufenlehrer Analysis oder Platons Ideenlehre oder Heisenbergs Unbestimmtheitsrelation oder die Keynessche Geldtheorie lehren und ein Grundschullehrer nur „Kulturtechniken" beibringen muß und nichts ihn nötigt, seine veränderten Funktionen — als Organisator eines individuellen Lernprozesses, als Diagnostiker, als Sozialisationshelfer, als Elternerzieher, als wissenschaftlicher Beobachter und Kritiker seiner eigenen Tätigkeiten — wirklich wahrzunehmen, so lange hilft ihm nicht einmal eine verbesserte „wissenschaftliche" Ausbildung, und die Besoldungsstufen, die Diplome und Titel bleiben sein einziger Kummer oder seine einzige Chance.

9. Die Gefahr eines Mißbrauchs des Oberstufen-Kollegs für eine restriktive Hochschulpolitik

Einwand: Das einer einzelnen Universität vorgeschaltete Modell-Oberstufen-Kolleg kann leicht zu einem Instrument einer ausschließlich restriktiven „Regulierung" des Massenproblems werden: indem der „hohe Sachanspruch" der Wissenschaften schon in deren Vorhöfen zur Wirkung gebracht wird. Die Kolleglehrer haben diesen Sachanspruch nicht zu verantworten, sondern nur zu erheben, und die Universitätsprofessoren haben die gesellschaftliche Unruhe der Studenten nicht zu beantworten, denn vor ihnen sitzt ein schon entsprechend gefiltertes Nachwuchspotential.

Erwiderung: Aus diesem Grund ist es entscheidend, daß der Abschluß des Oberstufen-Kollegs nicht in eine von der Hochschule verwaltete Zulassungsprüfung verwandelt wird; daß das Kolleg eine eigene Rechtsverfassung erhält, die es gegenüber der Hochschule unabhängig macht; daß die wissenschaftliche Kontrolle des Versuchs von einem Kuratorium überwacht wird, dem Mitglieder der Hochschule, des Kollegs und der wissenschaftlichen Öffentlichkeit angehören.

10. Gefahren für die Entwicklung des Experimentalprogramms mit Gesamtschuloberstufen

Einwand: Die Reformanstrengung der Gesellschaft könnte sich nunmehr auf die Einrichtung von Oberstufen-Kollegs konzentrieren; das Gesamtschulprogramm des Bildungsrates, das ja eine differenzierte Gesamtschuloberstufe vorsieht, und ebenso die Gesamtschulprogramme einzelner Länder würden zwar hingenommen, aber nicht gefördert; der für solche Reformen aufgeschlossene Teil der Lehrerschaft würde analog zur Schülerschaft der heutigen Hauptschule „ausgepowert"; die tüchtigsten Didaktiker würden den Kollegs mit ihren günstigeren Arbeitsbedingungen und Forschungsmöglichkeiten zulaufen und dem sehr viel bedürftigeren Gesamtschulprogramm fehlen. In anderen Worten: Das Oberstufen-Kolleg-Modell verspricht zu erfolgreich zu werden und könnte sich in kurzer Zeit zu einer Art deutschen (staatlichen) *public-school*-Systems auf der Tertiärstufe entwickeln.

Erwiderung: Dieser Einwand fiele ernstlich nur ins Gewicht, wenn das Oberstufen-Kolleg starke Verbreitung fände, und auch dann setzt er (kühn) voraus, daß Gesamtschuloberstufen-Systeme dem Tertiärstufen-System, wie es hier vorgeschlagen wird, vorzuziehen seien, ja, daß sie sich überhaupt bewährten. Angesichts der Bedeutung und Größe der Aufgaben, die dem Experimentalprogramm mit Gesamtschulen und den ihnen folgenden Oberstufen (welcher Art auch immer) zufallen, erscheint es sinnvoll, den Teil dieser Aufgaben, der sich isoliert bearbeiten läßt, einer besonderen Institution zuzuweisen. Nur wenn man den möglichen Beitrag des Oberstufen-Kollegs für schlechthin überflüssig oder gefährlich ansieht, kann man das Experiment mit ihm ablehnen.

11. Die Gefahr einer Verschärfung des Stadt-Land-Gefälles und/oder einer erheblichen Erhöhung der Kosten für die öffentliche Hand

Einwand: Da ein Oberstufen-Kolleg einstweilen an die Universitätsstadt gebunden ist, wird es ein zusätzliches Stadt-Land-Gefälle erzeugen. Das dadurch notwendig werdende Internat wird dieses Gefälle nur zum Teil ausgleichen können, die Kosten des ganzen Modells jedenfalls erhöhen und die Möglichkeit seiner Verallgemeinerung verringern.

Erwiderung: In Ländern mit einem ursprünglich sehr viel stärkeren Stadt-Land-Gefälle aufgrund der weiteren Entfernungen (in den USA, in Skandinavien) ist der Ausgleich durch eine Kombination von Schulbussen und Internaten fast vollständig gelungen. Ein gehobenes Ausbildungssystem ist nur um den Preis einer stärkeren Zentralisierung zu haben. In den Vereinigten Staaten gibt es weit über 2000 Colleges mit nicht örtlicher Klientel. Die öffentliche Hand, die ein kostspieliges öffentliches Bildungssystem unterhält, kann dessen Erfolg nicht um dieses vergleichsweise kleinen Aufwands willen aufs Spiel setzen.

12. Die Reform der Grundstudien durch die hierfür kompetente Hochschule und die Reform der allgemeinen Vorbereitung darauf durch die hierfür zuständige Höhere Schule machen ein Oberstufen-Kolleg überflüssig

Einwand: Die Schaffung einer neuen Einrichtung ist unnötig, solange die Reform einerseits von den Hochschulen und andererseits den Schulen aus geleistet werden kann.
Wenn die Wissenschaftliche Hochschule sich in den letzten Jahren schon entschlossen hat, für einen Teil der bisher einfach vorausgesetzten Wissensausstattung ihrer Studenten selbst zu sorgen, dann ist nicht nur eine Verlängerung der präuniversitären Ausbildung überflüssig, dann kann auch die bisherige Schule getrost um das 13. Jahr gekürzt werden.

Erwiderung: Die Universitätsreform ist bisher nur Entwurf. Die Verwirklichung der verschiedenen Reformpläne wird die Schwierigkeiten im vollen Umfang erst enthüllen. Es ist jedoch schon abzusehen, daß viele unter dem Vorzeichen der Reform eingeleitete Maßnahmen einer unerwünschten Restauration dienen können. Auf lange Zeit werden die äußeren Maßnahmen vorherrschen und womöglich innere Reformen verhindern. — Wenn das so verläuft, dann nicht aus Verstocktheit und Anmaßung der Professoren, sondern weil die Voraussetzungen für einen anderen Verlauf innerhalb des komplexen Systems der Universität nicht gegeben sind. Zu einer wirksamen Hochschulreform gehörte unter anderem die Aufstellung einer Didaktik der Wissenschaften, wie sie das Oberstufen-Kolleg erarbeiten und der Hochschuldidaktik zugrundelegen helfen soll.
Solange es keine geprüfte und anerkannte Theorie von der ökonomischen Vermittlung von Wissenschaft „zum Zwecke von ...", d. h. unter Einbeziehung ihrer gesellschaftlichen und psychologischen Bedingungen gibt, kann die Dekretierung eines sogenannten Grundstudiums nicht als ein Brückenschlag von der Hochschule zur Schule hin ausgelegt werden, davon ganz abgesehen, daß die Ausrichtung auf eine falsche Schulpraxis ihrerseits unsinnig wäre. Durch die gegenwärtigen Formen des Grundstudiums erweitert die Universität vielmehr ihr Vorfeld und drängt den Anspruch des Gymnasiums — um ihrer eigenen An-

sprüche willen — zurück; die Universität „verschult" in der Tat und bewußt und schränkt zugleich die Aufgabe der Schule auf Zubringerfunktionen und unselbständige Vorleistung ein: Die Schule, die mit dem 12. Schuljahr endet und der ein seinerseits „verschultes" Anfangsstudium folgt, dürfte dann in die subalterne Paukerei zurückfallen, aus der sie sich seit einem halben Jahrhundert mühsam zu befreien sucht. — Dabei ist die Hauptnot der Universität nicht die Unkenntnis der Studenten, sondern ihre Unselbständigkeit, nicht das jeweils Ungelernte, sondern die Lernunfähigkeit in einem neuen, weiteren, anspruchsvolleren Rahmen. Nichts wäre für die Arbeit der erneuerten Hochschule gefährlicher als die Unterwerfung der Höheren Schule unter die Forderungen der einzelnen Studienfächer.
Auf der anderen Seite genügt die Reform der Oberstufe allein auch nicht. Das haben die letzten 10 Jahre seit dem Saarbrückener Abkommen bewiesen. Die Reformbestrebungen von Hochschule und Schule müssen vielmehr koordiniert werden, und zwar dadurch, daß sie durch Verschränkung ihrer Interessen in einer Institution zur Kooperation genötigt werden.

13. Die Schwierigkeit, den Wehrdienst unterzubringen

Einwand: Was wird aus dem Wehrdienst? An welcher Stelle soll er liegen?

Erwiderung: Nach dem Kolleg. Daß die Zäsur hier soviel schmerzlicher sei als zwischen Schule und Hochschule, ist ein verräterisches Argument: es spricht nur aus, daß es zwischen Abiturwissen und den Anforderungen des Studienbeginns zur Zeit keine Verbindung gibt, die gestört werden könnte. Wenn die Bundeswehr die Kollegstufe ihrerseits benutzt, um auf ihr militärische Führungs-, Verwaltungs-, Techniker-Kollegs zu gründen, würde sie sogar der besondere Nutznießer des Oberstufenmodells sein.

14. Die Schwierigkeit, das Oberstufen-Kolleg in das internationale System einzufügen

Einwand: Die Einordnung des deutschen Bildungswesens in das sich allmählich herausbildende internationale System, das sich auf eine 12jährige Primar- plus Sekundarstufe hin zu entwickeln scheint, wird weiter erschwert.

Erwiderung: Die internationalen Entwicklungen werden oft wie eine unabänderliche Größe in die Argumentation eingeführt. Es kommt nicht darauf an, sich um jeden Preis international anzupassen, sondern das sachlich Vernünftige zu tun — also im einen Fall dem Ausland zu folgen, im anderen Fall es mit den besseren Gründen und, wo nötig, mit politischen Mitteln seinerseits zur Anpassung zu bewegen.
Die 12jährige Allgemeinbildung ist im übrigen durchaus nicht der internationale Standard und schon gar nicht für die Mehrzahl der Jugendlichen.

VI. Der Experimental- und Forschungsvorgang

1. Vorbemerkung zur Sache

Niemand setzt sich gern für Experimente mit Institutions- oder Organisationstypen ein, die nur unter ganz außergewöhnlichen Umständen zustande kommen können oder wünschenswert sind; es ist aber durchaus sinnvoll, Experimente anzuregen, deren besondere Bedingungen bestimmte Probleme des Bildungswesens zunächst einmal für sich diagnostizierbar und lösbar machen. In anderen Worten: die Rechtfertigung eines Experimentalprojekts ist nicht in erster Linie darin zu suchen, ob und wie sehr es in einen vorgefaßten Gesamtplan paßt, sondern ob es reale und wichtige Probleme auf neue und ökonomische Weise zu lösen verspricht, und das heißt vor allem auch: ohne das Risiko von allzu schwerwiegenden Nebenwirkungen.

Der Vorschlag, ein Oberstufen-Kolleg im Rahmen des Reformprogramms einer Universität zu errichten, verfolgt in erster Linie die Absichten,
— das Lernen der Wissenschaft als Spezialität zu rationalisieren, also die wissenschaftlichen und politisch-gesellschaftlichen *Probleme des Grundstudiums* und der bisherigen gymnasialen Oberstufe gründlich neu anzufassen;
— dazu die im Begriff wie in der Realität des Abiturs verfestigte Vorstellung von einem allgemeinen Hochschulreife-*Abschluß* durch einen Prozeß zu ersetzen
— und diesen Prozeß durch eine Reihe von *didaktischen Experimenten* zu den Inhalten, den Verfahrensweisen und den Organisationsformen des Unterrichts wissenschaftlich zu sichern.

Die primäre Absicht des Versuchs ist also nicht
— die Bewältigung der Massenprobleme,
— die Förderung des sogenannten qualifizierten Nachwuchses,
— die Verwirklichung der Chancengerechtigkeit auch auf der oberen Ausbildungsstufe.

Das alles dürfte zwar auch eine Folge der neuen Einrichtung sein, sollte sie einmal verallgemeinert werden, aber es kann in der Experimentalphase weder konsequent verfolgt noch auf seine Möglichkeiten und Wirkungen hin wirklich erprobt werden.

Es muß folglich ein Rahmen geschaffen werden, in dem die spezifischen Experimentalabsichten besonders gut erfüllt werden können. Die didaktischen Verfahren, die zur selbständigen Wahl und zu deren Revision erziehen, oder die Auswahl der Gegenstände, an denen die allgemeinen Strukturen der Wissenschaften gelernt werden können, oder die Organisationseinheiten, die die Allgemeinheit der Lernvorgänge mit der Besonderheit der Anwendungsvorgänge verbinden, dürfen nicht im unkritischen Zusammenhang mit der einheitlichen Grundbildung (= Schule) und auch nicht in selbstverständlicher Abhängigkeit von der spezialisierten Berufs- und Hochschulausbildung entwickelt werden. Da eine totale Reform des ganzen Systems gerade nicht mehr „experimentell" vorgenommen werden kann, ist es für das Experimentalprogramm nicht nur statthaft, sondern geboten, einzelne Problembereiche isoliert zu bearbeiten. Aber eben weil das Experiment im Rahmen der nicht auf einmal abzuschaffenden oder zu ignorierenden Strukturen des herkömmlichen Systems vorgenommen werden muß, sind eine Reihe von Sicherungen nötig:

— Das Kolleg muß — in einer Zeit, in der von vielen Menschen der Abbau des Bildungsgefälles als ein Verlust an Niveau, an angemessener Förderung und an gesellschaftlich notwendiger Auslese bedauert wird — dagegen geschützt werden, daß es als Eliteanstalt mißbraucht wird;
— es muß zugleich verhindert werden, daß nur bestimmte Ausbildungsgebiete in das Experiment und damit in die Reformmöglichkeit einbezogen werden oder daß andere Reformprogramme dadurch absichtlich oder unabsichtlich hintertrieben werden;
— die vorherrschenden Orientierungsmuster — der Gesellschaft, der Lehrer, der Schüler — müssen einberechnet und durch geeignete Maßnahmen neutralisiert werden;
— die in das Projekt einbezogenen Personen (Lehrer wie Schüler) dürfen dadurch nicht gegenüber anderen benachteiligt sein, auch nicht, wenn diese Nachteile nur von dem alten System her als solche erscheinen;
— das Experimentalprojekt darf nicht in einer zu engen Enklave vor sich gehen — daher der wiederholt geäußerte Wunsch, es möchten sich bald andere Universitäten und die Kultusverwaltungen ihrer Länder entschließen, ihrerseits Oberstufen-Kollegs einzurichten, zumal bei der Gründung von Gesamthochschulen;
— die Ausstattung mit Personal, Raum, Forschungsmitteln und Autonomie muß in ganz anderen Größenordnungen erfolgen als für einfache Schulversuche.

Die Rücksichten auf die bestehenden Verhältnisse vor allem sind für die Teile des Entwurfs verantwortlich, die wie der Versuch einer indirekten Durchsetzung eines neuen Gesamtkonzepts aussehen: a) die Vorstellung, daß dem Kolleg möglichst eine bis zum 10. Schuljahr gehende, als Gesamtschule organisierte Sekundarstufe vorauszugehen habe; b) die Gleichsetzung des Abschlusses des Kollegs mit der heutigen universitären Vorprüfung; c) die bewußte Öffnung des Kollegs nach unten (keine Aufnahmeprüfung, sondern Abschluß einer 10. Klasse einer beliebigen allgemeinbildenden Vollzeitschule); d) der Ausbau der gesamten Tertiärstufe zu einem Verbundsystem oder Gesamtkolleg. Die Möglichkeit, das Oberstufen-Kolleg in ein solchermaßen umfassendes Reformkonzept einzufügen, hat zwar ihre Vorteile, aber sie darf nicht über den einzelnen Experimentalplan selbst entscheiden.

2. Vorbemerkungen zur Methode[1]

An eine wissenschaftliche Versuchskontrolle wird man im allgemeinen die Erwartung richten, daß sie möglichst schnell verläßliche Auskünfte über die Leistungen der Versuchsformen im Vergleich zu den herkömmlichen Bildungsinstitutionen (1) und über die optimale Variante der Versuchsform gibt (wenn es solche für das Oberstufen-Kolleg geben wird) (2). Obwohl gerade diese Erwartungen besonders schwer zu befriedigen sind, richtet sich das Interesse erst zuletzt auf die dritte Dimension versuchsbegleitender Forschung: den Vergleich der Effekte der Versuchsform mit ihren eigenen Intentionen (3).

1) Beim Vergleich zwischen verschiedenen Bildungsinstitutionen werden äußerst komplexe Gebilde unter je einem besonderen Aspekt zueinander in Beziehung gesetzt. Dabei können meist nur wenige Variable in die Betrachtung einbezogen werden, und es besteht die Schwierigkeit, den Einfluß der großen Zahl sonstiger Variablen abzuschätzen, in denen sich die Gebilde unterscheiden. Vor allem wenn die Institutionen in ihren Zielen stark voneinander abweichen, werden sich nur wenige Bereiche finden lassen, in denen ein Vergleich gezogen werden kann. So gibt es vermutlich vergleichbare Leistungen sowohl in anderen Einrichtungen der Kollegstufe als auch in herkömmlichen Schulen und Universitäten, daneben partiell vergleichbare und schließlich unvergleichbare Leistungen. Aber selbst die vergleichbaren Leistungen sind in einen je verschiedenen Kontext eingebettet, der ihnen spezifische Bedeutung verleiht, so daß es schwierig ist, die Ergebnisse zu interpretieren.

Bei der großen Verschiedenheit von Oberstufen-Kolleg und entsprechenden traditionellen Institutionen und bei der in Anbetracht der Fülle an Forschungsfragen geringen Zahl von Kollegs, die sich zudem noch voneinander unterscheiden werden, können aus einem Systemvergleich nur selten Befunde erwartet werden, die sowohl verläßlich als auch relevant sind. Im allgemeinen wird man sich mit der Deskription der Resultate und Prozesse in jedem System begnügen und auf einen strengen Vergleich verzichten müssen. — Die Besonderheiten eines Systemvergleichs bei der Curriculum-Evaluation sollen weiter unten erläutert werden.

2) Auch wenn es mehrere Oberstufen-Kollegs in Deutschland in absehbarer Zeit geben sollte, wird sich die Frage, ob es möglich ist, Varianten der Oberstufen-Kollegs miteinander zu vergleichen, erst entscheiden lassen, wenn über ihr Ausmaß an Verschiedenheit Näheres bestimmt ist. Vermutlich würde jedoch mindestens im Bereich des Ergänzungsunterrichts ein Vergleich etwa

---

[1] Vgl. hierzu Kapitel VIII der Empfehlungen der Bildungskommission des Deutschen Bildungsrats zur *Einrichtung von Schulversuchen mit Gesamtschulen („Die wissenschaftliche Kontrolle von Versuchen mit Gesamtschulen")*, in dem zahlreiche methodische Probleme, die auch hier auftauchen, ausführlicher behandelt werden.

der Auswirkungen verschiedener Inhalte, Unterrichtsmethoden oder Formen der Unterrichtsorganisation durchgeführt werden können.
3) Ein Vergleich der Effekte der Versuchsform mit ihren eigenen Intentionen wird angesichts der umfangreichen Entwicklungsaufgaben des Kollegs von besonderer Bedeutung sein. Auch hier freilich wird die Tatsache, daß es vorläufig nur ein Kolleg und eine sehr große Zahl von Variablen gibt, es selten zulassen, neben den deskriptiven auch umfassend abgesicherte analytische Untersuchungen vorzunehmen.

Es ist wichtig, daß die Ausführenden und Betroffenen sowie die Öffentlichkeit von vornherein wissen, *daß* und *warum* der hier unternommene Versuch nur zu einem beschränkten Teil den Charakter eines Experiments im strengen Sinn haben kann. Es wird vor allem nur selten möglich sein, schnelle, eindeutige, praktikable und womöglich endgültige Antworten auf die Fülle von Fragen zu geben, die durch die allgemeine kulturpolitische und gesellschaftliche Lage und durch die Empfehlungen selbst aufgeworfen worden sind. Dies ist nicht möglich, weil es sich zum Teil

— um außerordentlich langfristige Aufgaben handelt, deren Problematik nicht nur tief in das historische Gewebe der gesellschaftlichen Institutionen eingelassen und schwer von anderen Problemen isolierbar, sondern durch lange Veränderungs- und Bewährungsprozesse gekennzeichnet ist; weiter um eine eigentümliche Verschränkung von Erhebungen und Entwicklungsmaßnahmen, von Feststellen-was-ist und Eingreifen-in-was-ist und Herausfinden-was-möglich-ist, so daß die Untersuchungsbedingungen sich laufend verändern und jede neue Erhebung in einem weiterentwickelten und kaum mehr vergleichbaren Umfeld stattfindet.

Eine Reihe von Forschungs- und Experimentalaufgaben im Rahmen dieses Versuchs werden das sein, was man *action research* nennt: die Erforschung von etwas, indem man es tut, jedoch in der Weise, daß die laufend gewonnenen Erkenntnisse ständig auf die Tätigkeiten zurückwirken und somit das Substrat der Forschung wieder ändern.

Eine hierfür typische Abfolge von Vorgängen sähe so aus:
— Bestimmung des Problems durch Diskussion und Information (Hearings, Aufarbeitung der Literatur, eigene Formulierung),
— Aufstellung von Hypothesen und Herstellung eines Konsens hierüber,
— Umsetzung der Hypothesen in Aktionsziele,
— Operationalisierung dieser Ziele,
— praktische Durchführung unter Berücksichtigung von Alternativen,
— Beschreibung dessen, was sich auf dem Weg dorthin zugetragen hat, und eventuell Vergleich mit anderen Abläufen und Ergebnissen,
— Neuformulierung des Problems etc.

Auch hierfür ist die angemessene Form der Auswertung weithin die Deskription. Daneben wird es nötig sein, eingangs und laufend bestimmte Daten zu erheben, die Tätigkeiten und Entscheidungen ständig zu protokollieren und vor allem

die Innovationsstrategien dauernd neu bewußtzumachen und kritisch zu revidieren.
Um die Forschungs- und Experimentalaufgaben übersichtlich darzustellen, empfiehlt es sich, zwischen drei Bereichen zu unterscheiden: *Curriculum-Evaluation, Innovationsforschung, Institutionsforschung.*
Wegen des großen Gewichts, das der Entwicklung neuer Curricula am Oberstufen-Kolleg zukommt, sollen hier vor allem die methodischen Probleme der Curriculum-Evaluation ausführlicher behandelt werden[1].

3. Curriculum-Forschung

3.1. Curriculum-Forschung und -Entwicklung

Dies ist der Bereich, in dem sich die Forschungsarbeit im Oberstufen-Kolleg am meisten den Anforderungen eines strengen Empirismus unterziehen muß. Gleichwohl wird man auch hier mit einer mehr kreativen und politischen Diskussion beginnen müssen, mit der Zieldiskussion. Erfahrung zeigt, eine wie ungewohnte, komplizierte, langwierige und notwendige Prozedur allein eine vorläufige Aufstellung eines allgemeinen Zielkatalogs ist. Der Weg, den die Theorie von hier bis zur systematischen Operationalisierung, z. B. in der Form des Spiralenmodells, für die einzelnen Einheiten gehen muß, ist sehr weit. In Deutschland steht die Aufgabe, normierte und normierende „Lehrpläne" auch nur begrifflich in offene und kontrollierbare „Lernsituationen" umzusetzen, noch ungelöst bevor.
Diese Zieldiskussion wird von den Fach- und Sachkompetenzen aus vorgenommen werden müssen, wie es sie nun einmal gibt, aber in entschlossener Ausrichtung auf die allgemeinen Lernziele und in konsequenter Berücksichtigung der lerntheoretischen und gesellschaftlichen Bedingungen. Man wird im übrigen das Verhältnis von Lernzielen und Institutionszielen klären müssen. „*Lernziele*" sind Veränderungen des Verhaltens von Personen — z. B. der Erwerb von Abstraktionsfähigkeit, Kommunikationsfähigkeit, Kooperationsfähigkeit etc.; „*Institutionsziele*" sind Veränderungen gesellschaftlicher Zustände und Möglichkeiten — z. B. die Verwirklichung von Chancengleichheit durch Individualisierung des Unterrichts, die Beteiligung der Lehrerschaft an der Curriculum-Entwicklung, die Ablösung der Kombination von Pflichtfächern und Versetzungsordnung durch eine Kombination von Kurssystem und Schullaufbahnberatung

---

[1] Vgl. hierzu das Kapitel IV (*„Überlegungen zur Lehrplanrevision in der Gesamtschule"*) und Kapitel VIII (*„Die wissenschaftliche Kontrolle von Versuchen mit Gesamtschulen"*) in der genannten Empfehlung des Bildungsrats.

— wodurch eine Herrschaftsposition bestimmter Fächer und Laufbahnen zerstört wird etc. Es ist evident, daß sich die Lernziele von den Institutionszielen nicht trennen lassen, sowenig wie man das eine unter das andere subsumieren kann. Aber man muß sie gerade im Versuchsrahmen zu unterscheiden suchen, weil sie in verschiedenem Grad variabel sind.
Der theoretischen Zielbestimmung und Operationalisierung folgt die praktische Entwicklung von Unterrichtseinheiten. Hierbei treten die folgenden Faktoren auf und müssen systematisch koordiniert und erforscht werden:
— Dauer / Variabilität / Austauschbarkeit der Einheiten,
— Kombinationsfähigkeit der Einheiten,
— Sequenzen oder Unabhängigkeit der Einheiten,
— Materialien / Ausstattung / Programme / Didakotheken und deren Adaptabilität für verschiedene Lernsituationen,
— Verwendung von Medien und Formen des Medienverbundes,
— Leistungsdifferenzierung / Leistungsmessung / Abschlüsse,
— didaktische Differenzierung (didaktische Typen),
— Neigungsdifferenzierung (Wahlverhalten)
— Verteilung und Gewichtung der Lernformen und Gruppengrößen,
— Wirkungen der Spezialisierung im Hinblick auf Transfer,
— Verhältnis von Wahlfach zu Ergänzungsfächern und Gesamtunterricht / von Einzelprojekt und System / von Sachzyklus und Personen-team / von „Wissen" und „Verhalten",
— Schülerbeteiligung an der Planung / Selbsttätigkeit und andere allgemeine Lernziele.
Hierbei sollten ausländische Vorarbeiten, vor allem die leichter zugänglichen amerikanischen, englischen und schwedischen Materialien, zum Teil übernommen und adaptiert werden.
Im Verlauf der ersten Operationalisierungsschritte werden die schon vorliegenden Taxonomien und Lerntypenschemata (z. B. von Bloom und Gagné u. a.) einer empirisch praktischen Kritik unterzogen werden müssen. So notwendig und förderlich die allgemeinen Überlegungen sind, die diesen Taxonomien zugrunde liegen, so wichtig ist es, daß man ihren normierenden Charakter im Auge behält und allmählich durch Beobachtung und Beschreibung alternativer Lernentwicklungen ersetzt. Diese Aufgabe wird nur durch aufwendige interdisziplinäre Forschung von Psychologen, Pädagogen und Fachwissenschaftlern zu leisten sein.
Besonders schwierig wird die Curriculum-Arbeit in den Bereichen sein, in denen es bisher keine formalisierten Vorlagen gibt — in den „Systemfächern" (vgl. oben Kap. IV, 5.2., S. 41). Ihren formalen Funktionszielen können beliebig materiale Gegenstände zugrunde gelegt werden; in anderen Worten: es gibt hier keine vorgängig bestimmbaren Kompetenzen. Aber auch in Disziplinen, die herkömmlicherweise als spezialisierte Wissenschaften oder Ausbildungsgänge an der Universität (und nicht als allgemeine Denkform und Orientierung in der Schule) zu

beginnen pflegen, z. B. die Jurisprudenz, werden hier besondere Schwierigkeiten haben, die sich nur in Kooperation mit der Pädagogik werden lösen lassen.

3.2. Curriculum-Evaluation

Ein Curriculum, das nicht nur in einem einzelnen Oberstufen-Kolleg, sondern auch in den anderen Kollegs, in Gymnasien, Gesamtschulen oder universitären Grundstudien verwendbar sein soll, wird bis zu seinem vorläufigen Abschluß gewöhnlich vier Entwicklungsstadien durchlaufen:
— Konstruktion durch eine Expertenkommission des Oberstufen-Kollegs,
— Adaptation an die Bedingungen sonstiger Kollegs,
— Anpassung an die Bedürfnisse anderer Bildungsinstitutionen mit Hilfe einer *pilot study*,
— Revision und endgültige Fassung nach einer repräsentativen Erprobung.
Die verschiedenartigen Funktionen, die die Evaluation in diesen Abschnitten erfüllt, lassen sich am deutlichsten am Beispiel des ersten und letzten Stadiums erkennen.

Die Rolle der Evaluation bei der Konstruktion des Curriculums: Während der Entstehungsphase eines Curriculums besteht die Aufgabe der Evaluation in der Bereitstellung von Informationen und Kriterien, die die Grundlage der kontinuierlich notwendigen Revision darstellen. Hierbei muß sich die Evaluation ständig den Bedürfnissen des entstehenden Curriculums anpassen. Ihre Besonderheit im Vergleich zu den in einem späteren Stadium verwendeten, umfassend abgesicherten Methoden besteht in einer weitaus geringeren Perfektion, die beispielsweise dadurch bedingt ist, daß zu längeren Studien, durch die die Validität der Beobachtungsverfahren und Meßinstrumente festgestellt wird, nicht ausreichend Zeit zur Verfügung steht.

Klärung der Ziele: Eine der Aufgaben des Evaluationsexperten besteht in der Mithilfe bei der Klärung der Ziele, die durch ein Curriculum erreicht werden sollen.
Nach der allgemeinen Formulierung der Intentionen des Curriculums sollte der Evaluationsexperte einen Katalog von Unterrichtszielen aufstellen, der möglichst präzise und verhaltensnahe Definitionen enthält. Das kann dadurch geschehen, daß er Fragen an die übrigen Mitarbeiter richtet, die sein Verständnis der allgemein formulierten Ziele des Projekts in Form der Beschreibung von Verhaltensänderungen ausdrücken. Der Kolleglehrer wird dann anhand der ihm vorgelegten Verhaltensbeschreibungen oder Aufgaben prüfen, ob seine Intentionen darin ihren Niederschlag gefunden haben.
Durch ein solches Verfahren ist es möglich, allmählich zu einer Liste präzis formulierter Ziele zu gelangen, die zugleich Operationalisierungen in Form von Prüfungsaufgaben enthält und somit die Konstruktion von Evaluationsinstru-

menten vorbereitet. Keinesfalls darf jedoch dabei das Streben nach Perfektion im Bereich der Testkonstruktion die Entwicklungsarbeiten wesentlich erschweren. Auch darf die Forderung des Evaluationsexperten, die Ziele des Curriculums möglichst operational zu definieren, nicht dazu führen, daß solche Unterrichtsziele ausgeschieden werden, die sich nicht in die gewünschte Form bringen lassen oder die auf so langfristige Verhaltensänderungen zielen, daß ihre Wirkung nicht unmittelbar festzustellen ist.

Prüfung einzelner Elemente des Curriculums: In allen Phasen der Entstehung eines Curriculums fällt der Evaluation die Aufgabe zu, die einzelnen Elemente auf ihre Verständlichkeit und Wirkung hin zu untersuchen. Solche Überprüfungen beziehen sich einerseits auf das Projektmaterial, indem etwa festgestellt wird, ob Instruktionen verständlich sind oder welches die Voraussetzungen sind, die auf Schüler- und Lehrerseite vor Beginn der Arbeit vorliegen müssen; andererseits erstrecken sie sich auf die Beobachtung von Prozessen, z. B. von Einstellungsänderungen oder Lernprozessen, die durch ein Curriculum oder Teile davon ausgelöst werden.
An Untersuchungsverfahren kommen sowohl die Prüfung der Produkte durch Experten als auch ganz besonders Beobachtungen des Umgangs von Schülern und Lehrern mit den Curriculum-Elementen sowie Fehleranalysen in Betracht. Im allgemeinen wird man in dieser Phase auf eine statistische Behandlung der Ergebnisse verzichten müssen und sich auf Berichte und Beobachtungen von Lehrern und sonstigen Experten stützen, unter Umständen auch Test-Items verwenden, die im Stadium der Zieldefinition oder während der Arbeit an den Curriculum-Elementen entstanden sind.
Die Befunde solcher Untersuchungsgänge sollten unmittelbar zur Revision führen; die verbesserten Produkte unterliegen dann wiederum einem ähnlichen Kreislauf.
Da zu erwarten ist, daß nicht alle Elemente sich als brauchbar erweisen, sollten bei der Entwicklung eines Curriculums nach Möglichkeit gleichzeitig Varianten konstruiert und evaluiert werden. Auch sollte für eine gute Koordination zwischen den Expertengruppen, die verschiedene Curricula entwickeln, gesorgt werden.
Nicht unwesentlich ist es schließlich, festzustellen, welche neuen Anforderungen ein entstehendes Curriculum an die Lehrer stellen wird, damit entsprechende Weiterbildungsveranstaltungen, die ein Bestandteil vieler Curricula sein müssen, in die Wege geleitet werden.

Konstruktion von Meßinstrumenten: Die Konstruktion der Meßinstrumente, z. B. Tests, muß stets mit dem Entwurf der Materialien und sonstigen Curriculum-Elemente einhergehen. Das hat seinen Grund nicht nur darin, daß durch die Diskussion der Operationen, die das gewünschte Endverhalten eines Kollegiaten kennzeichnen, die Klarheit der Intentionen des Curriculums erhöht wird, sondern folgt auch aus dem nahezu kompletten Mangel an brauchbaren Instrumenten zur Messung der Auswirkungen der Curriculum-Elemente, zumal derjenigen, die experimenteller Natur sind und im Oberstufen-Kolleg neu entworfen werden. Außerdem sind die Meßinstrumente ein wichtiger Bestandteil eines fertig entwickelten Curriculums. Auch spätere Benutzer müssen in der Lage sein, die Resultate ihrer Arbeit damit festzustellen. Schließlich gibt es ökonomische Gründe, die es empfehlenswert erscheinen lassen, daß die Meßinstrumente zugleich mit der Entwicklung des Curriculums entstehen, da in dieser Phase ohnehin über Inhalt und Ziele diskutiert wird und die Entwicklungsexperten das kompetente Gremium für die Beurteilung der Meßinstrumente darstellen. Bei der Konstruktion der Instrumente empfiehlt es sich, Tabellen zu entwerfen, in denen eine Zuordnung von Inhalten, Zielen und Unterrichtsmethoden getroffen wird. In eine solche Matrix lassen sich die vorhandenen Elemente der Meßinstrumente eintragen, so daß Klarheit über ihren Stellenwert entsteht. Auch lassen sich bereits vorliegende Meßinstrumente oder Teile davon, z. B. einzelne Test-Items, einordnen; man kann damit feststellen, welche Lücken für die Bedürfnisse der Evaluation noch ausgefüllt werden müssen.

Da in der Entstehungsphase eines Curriculums die Meßinstrumente in der Regel keinen besonderen Validitätsuntersuchungen unterworfen werden können, muß man sich bei den damit vorgenommenen Evaluationsschritten mit vorläufigen Resultaten begnügen. Es ist deshalb notwendig, alle erreichbaren Informationsquellen zu erschließen und sich nicht allein auf Tests zu beschränken.

Probleme der Erprobung entwickelter Curricula: Die Beantwortung der Frage, welche Wirkungen von einem fertigen und funktionsfähigen Curriculum ausgehen oder wie sich die Effekte eines Curriculums mit denen eines anderen vergleichen, stößt auf außerordentlich große Schwierigkeiten. Sie bestehen darin, daß einerseits die Gebilde, deren Wirkungen zu überprüfen sind, selbst sehr komplex sind und daß andererseits auf den Kontext, in dem sie erprobt werden, Rücksicht genommen werden muß. Es wäre unbefriedigend, Curricula als Produkte in ihrer Gesamtheit zu evaluieren und darauf zu verzichten, die Auswirkungen einzelner Elemente, z. B. der in einem Curriculum verwendeten Unterrichtsmethoden, festzustellen. Außerdem würde es einen Verzicht auf wertvolle Information bedeuten, wenn die von dem Curriculum ausgelösten Prozesse, z. B. Lern- oder Interaktionsformen, nicht in die Analyse einbezogen würden.

Summarische Feststellungen von Verhaltensänderungen der Kollegiaten, die durch ein Curriculum hervorgerufen wurden, sollten angesichts der Verfahren, die der Forschung zur Verfügung stehen, nicht vorgenommen werden. Vielmehr muß es darum gehen, die Zusammenhänge zwischen mehreren unabhängigen Variablen (z. B. wesentlichen Elementen eines Curriculums, Variablen des sozialen und administrativen Kontexts, Lehrer- und Schülercharakteristika) und einer den Zielen des Curriculums entsprechenden Anzahl abhängiger Variablen (z. B. Leistungszuwachs, Einstellungsänderungen, Beeinflussung des kognitiven Stils,

Transfer) aufzudecken. Ohne Zweifel werden in einem so komplexen Feld Interaktionen verschiedener unabhängiger Variablen eher die Regel als die Ausnahme darstellen, also beispielsweise eine bestimmte Unterrichtsmethode nicht unabhängig von der Intelligenz des Schülers mit seinem Leistungszuwachs zusammenhängen; aus diesem Grund werden nur solche Untersuchungsmethoden und Auswertungsverfahren befriedigende Resultate liefern, die Interaktionseffekte aufzudecken erlauben.

Die Fragen, die sich während der Erprobungsphase eines Curriculums ergeben, können deshalb nur mit Hilfe größerer Untersuchungen beantwortet werden, bei denen die Forderungen der Stichprobentheorie beachtet werden und sich reflektierte Versuchsanordnungen sowie multivariante Verfahren der Datenanalyse anwenden lassen; denn einerseits bestimmen die Merkmale der Erprobungsstichprobe, wieweit die Ergebnisse generalisiert werden können; andererseits wäre der Versuch, Kontrollgruppen zum Vergleich heranzuziehen, die mit den Experimentiergruppen in den für relevant angesehenen Variablen übereinstimmen, deshalb zum Scheitern verurteilt, weil es unmöglich ist, vorherzusehen, welches die Variablen sind, die — allein oder in Interaktion mit anderen — die Wirkungen eines Curriculums hervorbringen oder beeinflussen.

Diese methodischen Forderungen müssen schon bei der Erprobung eines einzelnen Curriculums beachtet werden. Nun wird sich jedoch nicht selten die Frage stellen, welche Wirkungen ein Curriculum im Vergleich zu einem anderen hervorbringt, damit entschieden werden kann, welches von beiden eingeführt werden soll. Diese Frage wirft zwei weitere Probleme auf, nämlich das der Identität der Ziele der Curricula und das der Identität der Randvariablen und des institutionellen Kontextes, in dem sie erprobt werden.

Es dürfte unmittelbar deutlich sein, daß bei Übereinstimmung von Zielen und Kontext kaum weitere Schwierigkeiten als die schon genannten entstehen; z. B., wenn innerhalb eines Schultyps zwei Curricula, die sich vielleicht in den Unterrichtsmethoden, nicht jedoch in ihren Zielen unterscheiden, verglichen werden sollen. Sobald der Kontext eine so große Verschiedenheit aufweist, daß sein Einfluß auf die abhängigen Variablen nicht mehr isoliert werden kann, würde er als ein Teil des Curriculums angesehen werden müssen, was die Auswahlentscheidung zwischen den Curricula wesentlich erschwert. Dieser Fall dürfte aber typisch sein für einen Vergleich derjenigen Curricula, die in Oberstufen-Kollegs entwickelt oder verwendet werden, mit denen des Gymnasiums oder des universitären Grundstudiums, und zwar selbst dann, wenn im Einzelfall eine hinreichende Übereinstimmung der Ziele gewährleistet ist. Da es jedoch zahlreiche Fälle geben wird, in denen sich auch die Ziele der Curricula des Kollegs von denen anderer Institutionen, mit denen ein Vergleich gefordert wird, unterscheiden, läßt sich voraussagen, daß empirische Vergleichsuntersuchungen im strengen Sinne nur selten möglich sein werden.

Es wäre freilich verfehlt, damit die Frage des Vergleichs als unlösbar abzutun und die Forschungsarbeit auf die Untersuchung der institutionsimmanenten Vorgänge zu beschränken. Eine zusätzliche Aufgabe der Curriculum-Evaluation sollte also darin bestehen, die Evaluationskriterien, die sich gewöhnlich auf die den jeweiligen Zielen entsprechenden Verhaltensänderungen beziehen, zu erweitern und zu untersuchen, wieweit etwa eine Gruppe von Lernenden, die ein bestimmtes Curriculum durchlaufen haben, Probleme meistern, deren Bewältigung das Ziel eines anderen Curriculums in einem anderen Kontext darstellt. Voraussetzung eines solchen Vergleichs ist lediglich die Übereinstimmung der allgemeinen Zieldimension der beiden Curricula. Eine solche generelle Übereinstimmung dürfte sich angesichts der Komplexität der Ziele, die am Oberstufen-Kolleg und an den übrigen entsprechenden Institutionen verfolgt werden, häufig feststellen lassen.

Hierbei wären an den beiden Gruppen, die die verschiedenen Curricula durchlaufen haben, jeweils dieselben Messungen durchzuführen, damit festgestellt werden kann, welches Verhaltensrepertoire jedes Curriculum in bezug auf die Zielvorstellungen beider Curricula hervorgebracht hat. Solche Untersuchungsergebnisse stellen wichtige Informationen für potentielle Benutzer der Curricula und für bildungspolitische Entscheidungen dar. Je breiter das Spektrum der Kriterien ist, die dabei über die dem Curriculum immanenten hinaus gemessen werden, desto wertvollere Auskünfte lassen sich bei solchen Untersuchungen erhalten. Sämtliche Tests und sonstigen Meßinstrumente werden dabei sowohl in den Gruppen, für deren Curriculum sie konstruiert worden sind, als auch in den Vergleichsgruppen verwendet.

Bei der Interpretation von Ergebnissen aus solchen Untersuchungen handelt es sich allerdings um einen freien Vergleich zweier Populationen, die nur unzureichend durch die Verwendung der jeweiligen Curricula beschrieben sind. Alle Entscheidungen, die aus den Befunden hergeleitet werden können, müssen sich jeweils auf Curriculum *und* Kontext beziehen, da keine Informationen über die Wirkung des einen ohne das andere gewonnen werden können. Das bedeutet, daß der Wunsch nach der Übernahme eines Curriculums auch die des Kontextes, d. h. hier einer Bildungsinstitution mit allen Randbedingungen wie Kosten, Besonderheiten der Schülerpopulation, der Lehrer, Verwaltungsform etc., zur Folge hat.

Leistungsbewertung und Curriculum-Evaluation: Sobald die Curriculum-Evaluation aus dem Stadium der freien Beurteilung der Materialien durch Experten in das der Felderprobung tritt, ist mit ihr notwendigerweise die Messung von Schülerleistungen verbunden. Meßdaten, z. B. Testergebnisse, geben allerdings keine eindeutige Auskunft über die Ursachen ihres Zustandekommens. Wenn nicht gerade sämtliche Aufgaben von allen Schülern einer Gruppe richtig und vollständig beantwortet wurden, ist fraglich, was als Ursache für den Mißerfolg einzelner Schüler anzusehen ist: Schwächen des Curriculums (etwa der methodischen Vermittlung oder der Materialien), mangelnde Qualität des Prüfinstruments, individuelles Versagen des Lehrers oder Schülers. Da diese Faktoren bei der Interpretation der Ergebnisse meist schwer voneinander abzugrenzen sind, sollte während der Entwicklungsphase die Bewertung und Rangordnung der Schülerleistungen strikt von der Curriculum-Evaluation abgetrennt werden.

Schon bei der Spezifizierung einer Curriculum-Einheit, z. B. in bezug auf die erforderlichen Vorkenntnisse oder die Zielpopulation, sollte der Curriculumexperte angeben, welcher Anteil der Testaufgaben, die zu einem Unterrichtsziel verfaßt wurden, von einem Schüler am Ende einer Lernsequenz zu lösen ist, bevor etwas Neues eingeführt wird. Die Bezeichnung der Struktur eines Inhaltsbereiches oder die Aufstellung eines hierarchischen Modells der Unterrichtsziele ermöglicht die Festlegung und Diskussion derartiger Normwerte.

Werden von einer Schülergruppe die gesetzten Werte nicht erreicht, so muß geklärt werden, ob die Ursache etwa in einer einseitigen Auswahl der Items zu suchen ist, bevor auf Mängel der übrigen Curriculum-Elemente geschlossen werden kann. Um diese Fehlerquelle zu vermeiden, sollte jeder Schüler eine Zufallsstichprobe von Items aus der Gesamtheit der vorliegenden Aufgaben, die allerdings alle wichtigen Aspekte des Bereichs abdecken müssen, zur Bearbeitung erhalten. Ein solches Verfahren verhindert auch den Mißbrauch von Ergebnissen der Curriculum-Evaluation für die Leistungsbeurteilung. Mangelnde Qualität der Materialien oder Unterrichtsmethoden läßt sich beispielsweise durch Fehleranalysen oder durch den Nachweis einer Verbesserung der Ergebnisse nach vollzogener Revision erkennen.

Sobald ein Curriculum entwickelt und hinreichend erprobt ist, spricht nichts dagegen, die Ergebnisse der Curriculum-Evaluation auch der Leistungsbeurteilung der Schüler zugrunde zu legen, sofern nicht von dem oben beschriebenen Verfahren der Itemstichproben Gebrauch gemacht wurde.

3.3. Organisatorische Voraussetzungen der Curriculum-Evaluation

Im Stadium der Entstehung eines Curriculums ist es notwendig, daß ein Evaluationsexperte dem Entwicklungsgremium angehört. Außenstehende mit der Evaluation zu betrauen verbietet sich aus vielen Gründen: beispielsweise läßt sich die Validität der Evaluationsinstrumente nur durch die ständige Mitwirkung der Curriculumexperten sichern; die Probleme eines entstehenden Curriculums können sich so rasch ändern, daß nur ein voll am Projekt Beteiligter in der Lage ist, rechtzeitig kritische Fragen zu stellen und Möglichkeiten ihrer Beantwortung vorzuschlagen; auch bedarf es eines mit dem Entwicklungsstand des Curriculums vertrauten Entwicklungsexperten, damit bereits vorliegende Befunde jederzeit ins Gedächtnis gerufen und richtig interpretiert werden können.

Um eine Verengung bei der Auswahl der Ziele und Inhalte und Mißgriffe bei ihrer Umsetzung in ein Curriculum zu vermeiden, empfiehlt es sich, schon während des ersten Stadiums auch außenstehende Experten, z. B. Fachspezialisten, Pädagogen, Psychologen, zu befragen. Kolleglehrer, die auf einem anderen

Gebiet Entwicklungsarbeit leisten, sollten als Beurteiler herangezogen werden und den Lehr- und Lernprozeß beobachten. Außerdem muß dafür gesorgt werden, daß die in verschiedenen Fachbereichen entstehenden Produkte möglichst gut aufeinander bezogen sind.

Die Erprobung entwickelter Curricula sollte durch externe Instanzen erfolgen, die auch die Bedürfnisse der prospektiven Abnehmer berücksichtigen.

4. Innovationsforschung

Die Reform von Schule und Hochschule, von allgemeinen, ausgedehnten und vielfältig mit den übrigen gesellschaftlichen Einrichtungen verzahnten Institutionen kann nicht aus einem mehr oder weniger direkten Übergang von Veraltetem zu Neuem, von als falsch Erkanntem zu nunmehr als richtig Erkanntem bestehen. Es handelt sich dabei vielmehr um einen komplexen Prozeß, in dem nicht nur Theorie und Praxis in einem wechselseitigen Rückkoppelungsverhältnis zueinander stehen, sondern in dem sich auch jeweils so viele unbekannte Probleme einstellen, wie man bekannte Probleme löst und damit eine neue Gesamtlage schafft. In anderen Ländern, in denen der sogenannte „Innovationsprozeß" des Bildungswesens weiter fortgeschritten ist als in der BRD, hat sich darum eine eigene Innovationsforschung entwickelt, die die in diesem Verfahren zu erwartenden Schwierigkeiten systematisiert und Veränderungen allgemein anwendbar oder doch wenigstens — in Vergleichen — kontrollierbar zu machen sucht. Beispielsweise sollten verschiedene Modelle der Curriculum-Entwicklung und -Evaluation erprobt werden. Dabei sollte untersucht werden, wie ein Team, das ein Curriculum entwickelt, am besten zusammenzusetzen ist; wieweit den einzelnen Mitarbeitern klar voneinander abhebbare Rollen zufallen sollten; welche Prozeduren und Sequenzen der Evaluation sich als besonders ergiebig und ökonomisch erweisen; wie die Entscheidungsprozesse verlaufen, die zur Auswahl eines bestimmten Inhalts oder Zieles führen, und welche Kriterien dabei eine Rolle spielen. Der Versuch mit einem Oberstufen-Kolleg kann der Entwicklung einer solchen wichtigen Forschung dienen. Das Oberstufen-Kolleg soll ja selbst nicht nur „innoviert" sein, sondern Veränderung zu einer planbaren, fortlaufenden, verantwortlichen Tätigkeit seiner Mitglieder machen. Es ist für die Reform des Bildungswesens insgesamt entscheidend, daß Einrichtungen von dieser Komplexität und Größe nicht überall ab ovo beginnen und eigene Erfahrungen machen müssen, die sie anderswo hätten lernen oder vermeiden lernen können, wären diese entsprechend aufgezeichnet worden. Eine Zusammenarbeit des Oberstufen-Kollegs mit einer Einrichtung wie dem Hochschul-Informations-System (HIS) sollte darum von vornherein ins Auge gefaßt werden. Ein Aufgabenkatalog sollte von der Aufbaukommission des Oberstufen-Kollegs angelegt und während ihrer Aufbautätigkeit ständig fortgeführt werden.

5. Institutionsforschung

Mit dem Oberstufen-Kolleg stehen nicht nur neue Unterrichtsformen, sondern auch ein anderer Organisationstyp zur Probe. Aber auch der Organisationstyp dient bestimmten Zielen, wie sie oben noch einmal zusammengefaßt sind, und bleibt dadurch mit den Unterrichtszielen verklammert.
Die Erforschung der Institution und der Auswirkung bestimmter organisatorischer Variablen erfolgt weitgehend in der Form von Input-Output-Analysen. Diese werden sich auf die folgenden Faktoren richten:

— die *Klientel* und ihre *Variabilität* nach Ort und Zeit (es ist z. B. zu vermuten, daß sie sich allein schon dadurch ändert, daß der einzelne bei der Entscheidung für das Kolleg nicht unter dem Druck der großen Unbekannten „Universitätsstudium" steht, daß die Anforderungen der Professoren schon im Laufe der Schule [= des Kollegs] „bekannt" werden, daß sich die didaktischen Hilfen und Erfolge herumsprechen; die Klientel wird auch in Bielefeld sozial anders zusammengesetzt sein als etwa in Kassel oder Konstanz etc.);
— *Durchlaufgeschwindigkeiten* und „*Weiterlaufgeschwindigkeiten*";
— *Wahlverhalten der Kollegiaten:* Was wählen sie? Wann und worauf hin wechseln sie ihre Fächer? Mit welchen Folgen? In welchen Kombinationen wählen sie? Wie verhalten sie sich dabei zu den Abiturienten? Wahlverhalten nach dem Abschluß des Kollegs;
— *Drop-outs* und die Gründe dafür;
— die *Funktionen der Berater:* Was können sie unter welchen Umständen erreichen? Was müssen sie gelernt haben? In welcher Zahl braucht man sie?
— *Rekrutierung der Lehrer:* Welcher Typ herrscht vor? Warum kommen sie? Worin haben sie Erfolg? Wie wirkt sich die ständige Innovationstätigkeit, das Klima der horizontalen Kritik, die Verbindung mit Wissenschaft, die Möglichkeit einer Lehr- und Forschungstätigkeit an der Hochschule auf sie aus? *Unterrichtsstil und Kooperationsstil;*
— die *Zusammenarbeit mit der Universität:* Welchen Einfluß hat das Kolleg auf die Arbeit der Universität? —; deren Interesse an Schule, an Didaktik, an eigener Veränderung; Beteiligung der Professorenschaft an der Curriculum-Entwicklung;
— *Nutzung der Anlagen* (Labors, Bibliotheken, Materialsammlungen und Apparaturen): wie stark und mit welchem Erfolg?
— *Interdisziplinarität / Medienverbund / Zentralisierung* bestimmter Ange-

bote durch Programmierung, Fernstudieneinrichtungen und im Verbund benachbarter Kollegs anderen Typs;
— Auswirkungen des *credit*-Systems: die Kombination von *credits,* Tests (zur Selbstprüfung ohne Rechtsfolgen) und Prüfungen sowie ihre Rolle bei der selbständigen Regulierung der Studien;
— Auswirkungen von *Blockstudien* in den verschiedenen Unterrichtsformen (Wahlfach-, Ergänzungs- und Gesamtunterricht);
— *unterschiedliche Entwicklung* von Oberstufen-Kollegs, die verschiedenen Hochschularten zugeordnet sind; sollen solche eingerichtet werden?

In einer neuen Institution entwickeln sich auch neue Mentalitäten und Verhaltensweisen. Einige hiervon sind beabsichtigt: z. B. die Emanzipation der Jugendlichen von den herkömmlichen lenkenden Schulformen zu größerer Selbständigkeit der Entscheidung und Lebensführung. Andere sind nicht geplant und nicht planbar, sollten aber gerade darum genau beobachtet werden. Eine Beobachtung der auftretenden Gesellschaftsformen oder -schwierigkeiten, der politischen Aktivität, der außercurricularen Betätigungen, der Einstellungen zur Institution, zu den Lehrenden etc. werden ihrerseits Rückwirkungen auf die zukünftige zeitliche, räumliche und rechtliche Verfassung der Oberstufen-Kollegs oder vergleichbarer Ausbildungseinrichtungen haben.

VII. Schlußbemerkung

Die ungemein schwierigen Aufgaben, eine Didaktik der Wissenschaftspropädeutik und daran anschließend der Wissenschaften zu entwickeln, bedarf eines angemessenen Rahmens, der die beteiligten Personen nicht überfordert. Dieser Rahmen ist im Oberstufen-Kolleg gegeben: durch den Ausbildungsabschnitt, der die bisher autonomen Bereiche Höhere Schule und Universität je zu gleichen Teilen umschließt[1]; durch die Abgrenzung eines bestimmten Entwicklungsabschnittes des Jugendlichen; durch die genau bemessene Breite des Angebots im Verhältnis zur Zahl der Kollegiaten und Lehrer, so daß sich mit rund 90 bis 100 Lehrern ein noch eben koordinierbares Gremium ergibt; durch die Dauer von vier Jahren, innerhalb deren in der Tat die selbständige, rationale Wahl des Studiums anberaumt und eine verkehrte Wahl in kontrollierter Form revidiert werden kann; durch die Möglichkeit einer beiderseitig sinnvollen Zusammenarbeit mit einer Wissenschaftlichen Hochschule; durch Ausnutzung der fachlichen Kompetenz und eines offenkundigen Reformwillens im Kreise der Gymnasiallehrerschaft, auch wenn dieser nicht den gleichen Motiven entspringt wie das Reformprogramm der Universität Bielefeld; durch Ausnutzung vor allem der Notlage und der daraus entspringenden Bereitschaft der Universitäten und Hochschulen zur Reform ihres Grundstudiums. Das Experiment wird selbst für den Fall, daß sich die Organisationsform des Oberstufen-Kollegs nicht durchsetzt, die didaktischen Untersuchungen und Entwicklungsarbeiten hervorbringen, die jede Reform der Oberstufen und des Grundstudiums braucht.

Dadurch, daß ein neuer institutioneller Rahmen geschaffen wird, kann die Experimentalabsicht frei von Rücksichten auf die alten Institutionen erfüllt werden. Das Experiment „Oberstufen-Kolleg" an die anderen Experimente „Gesamtschule" und „Studienreform" anhängen hieße, andererseits das Ungewisse vom Ungewissen abhängig zu machen.

Im Oberstufen-Kolleg kann folglich auch die fiktive Gleichung „historische Allgemeinbildung" = „Wissenschaftsreife" wirksamer aufgelöst werden als in einer Anordnung, die die allgemeinbildenden Anstalten in prinzipieller Trennung von den wissenschaftlichen, d. h. spezialisierten Hochschulen läßt.

Mit anderen vergleichbaren Plänen hat dieses Projekt einige Probleme gemeinsam. Auch die Gesamtschuloberstufe muß nach Ausbildungsschwerpunkten in

---

[1] Das gilt *äußerlich*, wenn man die Tendenz zur Abkürzung der Höheren Schule auf 12 Jahre zugrunde legt und das Hochschulstudium bis zur Zwischenprüfung mit 4 Semestern (= 2 Jahren) bemißt. Es gilt aber vor allem *inhaltlich*: Schule und Hochschule haben sich die Aufgabe des „Übergangs von Allgemeinbildung zu Spezialausbildung" zu gleichen Hälften zu teilen.

getrennten Einheiten organisiert werden, damit sie die nötige breite Differenzierung anbieten kann, ohne selbst unproportioniert groß zu sein, und das heißt ja vor allem: sehr zentralisiert eingerichtet werden zu müssen. Anderenfalls werden einige Gesamtschulen Oberstufen haben, die übrigen nicht, und das schafft Ungerechtigkeiten und eben doch die Trennung von „Sekundarstufe I" und „Sekundarstufe II", die am Oberstufen-Kolleg-Plan kritisiert wird. Beide — Gesamtschuloberstufe und Oberstufen-Kolleg — können sinnvoll nur innerhalb eines Verbundsystems eingerichtet werden und funktionieren. Der Größenordnung nach paßt das Oberstufen-Kolleg überdies in die bisherigen Gebäude.

Anhang:

Rahmen-Flächenprogramm
für das Bielefelder Oberstufen-Kolleg

Inhaltsverzeichnis

0. Überblick: das Bielefelder Oberstufen-Kolleg (OStK)
1. Zahl der Kollegiaten nach Jahrgängen
2. Generelles Zeitbudget eines Kollegiaten
3. Wahlverhalten der Kollegiaten im Wahlfachunterricht
4. Zahl der Teilnehmer an den verschiedenen Unterrichtsarten: Gruppengröße und Gruppenanzahl
5. Zeitbudget der Kollegiaten nach Fächern und Lernsituationen im formalisierten Unterricht
6. Summe der Stunden von Unterrichtsgruppen nach Fächern und Lernsituationen im formalisierten Unterricht
7. Zeitbudget der Kollegiaten nach Fächern und Lernsituationen im nichtformalisierten Unterricht
8. Summe der Kollegiaten-Stunden nach Fächern und Lernsituationen im nichtformalisierten Unterricht
9. Zeitliche Nutzung fachspezifischer Laboreinheiten im formalisierten und nichtformalisierten Unterricht
10. Zeitliche Nutzung der Räume für Kunst- und Musikunterricht
11. Teilnahme der Kollegiaten am Sportunterricht; zeitliche Nutzung der Sporthalle
12. Unterrichtsergänzende Aktivitäten der Kollegiaten
13. Durchschnittliche Zeitbudgets von Kollegiaten nach Fachbereichen und Lernsituationen
14. Lehrerbedarf
15. Generelles Zeitbudget der Lehrer
16. Summe der Lehrerstunden nach Arbeitssituationen (ohne formalisierten Unterricht)
17. Das Personal des OStK
18. Ermittlung der Flächengrößen / Flächenstandards nach Lern- und Arbeitssituationen
19. Ermittlung der Programmfläche
20. Freiflächen
21. Wohnheim

0. Überblick: das Bielefelder Oberstufen-Kolleg (OStK)

0.1. Das Oberstufen-Kolleg ist eine Einrichtung, die den oberen Teil der Sekundarstufe (in der Terminologie des Bildungsrates: Sekundarstufe II) mit der Grundstufe des bisherigen Hochschulstudiums in sich zusammenfaßt. Es beginnt nach dem abgeschlossenen 10. Schuljahr und dauert in der Regel vier Jahre, also vom 17. bis zum 20. Lebensjahr bzw. vom 11. bis zum 14. Ausbildungsjahr. Es entläßt den Kollegiaten auf dem Stand, den der Student normalerweise in der vom Wissenschaftsrat empfohlenen „Vorprüfung" nach dem 4. Semester nachweist. Wer das Oberstufen-Kolleg erfolgreich absolviert hat, hat die Berechtigung, an jener Stelle in das Fachstudium einzusteigen. Das Oberstufen-Kolleg hat Platz für ca. 800 Kollegiaten. Ein Wohnheim für 200 Kollegiaten ist vorgesehen.

Das Oberstufen-Kolleg hat einen Ausbildungsauftrag und einen Forschungsauftrag.

0.1.1. Der Ausbildungsauftrag:
Das Oberstufen-Kolleg soll den Übergang von der Allgemeinbildung zum spezialisierten Fachstudium didaktisch vermitteln, dem Kollegiaten eine frühere Spezialisierung bei systematischer Wahrung des Zusammenhangs mit den anderen Disziplinen und mit den gemeinsamen Problemen und Verfahren der Wissenschaften ermöglichen und eine rationale Wahl des Studiengebiets und die Revision dieser Wahl bzw. den Übergang in eine andere Laufbahn — ohne nennenswerten Zeitverlust — erlauben.

Das Lehrangebot umfaßt drei Arten von Unterricht, an denen jeder Kollegiat teilnimmt.

1. *Wahlfachunterricht:* Der Kollegiat wählt 2 Fächer aus 32 möglichen Fächern; die Wahlfächer reichen von der Theologie bis zur Medizin, von der Jurisprudenz bis zur Elektrotechnik, von den Philologien bis zur Musik und stellen deren „Grundstudium" dar. Die Wahlfächer erstrecken sich im Prinzip über alle vier Studienjahre. Kollegiaten, die später in das OStK eintreten oder ein Wahlfach oder beide Wahlfächer zu einem späteren Zeitpunkt wechseln, können ihren Rückstand ausgleichen
   — durch Förderkurse in den Intensivphasen (s. u. 0.2.);
   — durch Konzentration auf nur ein Wahlfach;
   — durch Studium in diesem Wahlfach am OStK über das vierte Studienjahr hinaus (für den Ergänzungs- und den Gesamtunterricht sowie evtl. für das zweite Wahlfach entsteht daraus keine Verzögerung).
2. *Ergänzungsunterricht:* Alle Kollegiaten nehmen ungeachtet ihrer Wahlfächer am Ergänzungsunterricht teil, der in 5 Bereichen die Grundstrukturen des

Wissenschaftsprozesses und seine Funktionen in der Gesellschaft systematisiert: Kommunizieren und Abstrahieren (an der Sprache); Relationieren und Quantifizieren (an der Mathematik); Experimentieren und Verifizieren (an den Naturwissenschaften); Entscheiden und Regulieren (an der Politik und den Sozialwissenschaften); Wahrnehmen und Gestalten (an der Kunst).
3. *Gesamtunterricht:* Alle Kollegiaten lernen hierbei die Anwendung ihrer Disziplinen an gemeinsamen Projekten.

Hinzu kommt ein nur im 1. Studienjahr obligatorischer Sportunterricht.

0.1.2. Der Forschungsauftrag:
Aus diesem Angebot und der engen Verklammerung von Schule und Hochschule geht schon hervor, daß das Oberstufen-Kolleg völlig neue Curricula erarbeiten muß. Damit zieht es nicht nur die inhaltlichen Konsequenzen aus seiner eigenen eigentümlichen Organisation; das Oberstufen-Kolleg könnte selbst vielmehr aufgefaßt werden als ein Curriculumforschungs- und Curriculumentwicklungsinstitut zur Reform des Oberstufenunterrichts und des Hochschulstudiums, dergestalt, daß beide durch die institutionelle Einheit aufeinander Einfluß und Rücksicht nehmen müssen: Die Hochschullehrer beteiligen sich an der Auswahl, Strukturierung und Operationalisierung der Lehrinhalte; die Schullehrer beteiligen sich an der didaktischen Forschung in enger Verbindung mit den Grunddisziplinen, und zwar auch solchen, die nicht zum herkömmlichen Schulkanon gehören; die Kollegiaten beteiligen sich an der Gestaltung ihres eigenen Studienganges.

Beidem, dem Ausbildungsauftrag und dem Forschungsauftrag, liegt die Absicht zugrunde, das Lernen der Wissenschaft durch didaktisch explizierte Vermittlung von wichtigen Prinzipien und Verfahren (Spezialisierung und Kooperation, Methodeneinheit und -differenzierung, Interdisziplinarität und Transdisziplinarität, Theorie und Praxis, Planung, Entscheidung, Verantwortung etc.) durchsichtiger und damit weniger verwirrend, frustrierend und langwierig zu machen. Das Oberstufen-Kolleg ist als ein Teil des Schwerpunktes Wissenschaftsdidaktik anzusehen, den sich die Universität Bielefeld gesetzt hat. Es arbeitet eng mit der Universität und ihren anderen Einrichtungen (Sprachenzentrum, Bibliothek, Sportinstitut etc.) zusammen. Es stellt eine notwendige Voraussetzung für die Möglichkeit einer Gesamthochschule dar.

0.2. Die Gliederung des Studienjahres am OStK muß von der bisher üblichen Gliederung des Schuljahres an allgemeinbildenden Schulen abweichen, um bestimmte Unterrichtsformen („Intensivkurse") und größere selbständige Arbeiten, wie sie für das Grundstudium erforderlich sind, zu ermöglichen.
Es werden daher folgende Annahmen gemacht:

0.2.1. Der Unterricht im Wahlfach-, Ergänzungs- und Gesamtunterricht wird 30 Wochen pro Jahr (ca. 15.10.—15.2., 15.4.—15.7.) erteilt.

0.2.2. Daneben finden zweimal im Jahr (zwischen dem 15. 2. und 1. 4. und zwischen dem 1. 9. und 15. 10.) „Intensivphasen" von je etwa 5 Wochen statt. Innerhalb von vier Studienjahren fallen so 8 Intensivphasen dieser Art an. Die Kollegiaten können sie verwenden für:
— Orientierungskurse
— Förderkurse (bei Leistungsrückstand, Wahlfachwechsel etc.)
— Exkursionen/Studienreisen
— Betriebspraktika
— Schulpraktika
— Referate/Jahresarbeiten
— Sprachkurse (dreimal)
— Projekte

0.2.3. Den Lehrern wird, da das Betreuungsverhältnis in diesen Intensivphasen vermutlich weniger dicht sein kann, in diesen Wochen intensive und zusammenhängende Forschungsarbeit (Curriculum-, Begleitforschung), Unterrichtsauswertung und -vorbereitung ermöglicht.

1. Kommentar zu Tabelle 1:
Zahl der Kollegiaten nach Jahrgängen

1.1. Nach den Intentionen ist die Zahl der Kollegiaten pro Studienjahr mit 200 konstant. Es wird jedoch mit folgenden Abweichungen gerechnet:

1.1.1. Vorzeitiger Abgang einzelner Schüler in den Beruf, auf andere berufsbildende oder allgemeinbildende höhere Schulen (Abitur!) kann, namentlich in den ersten Jahren, nicht ausgeschlossen werden.

1.1.2. Erhöhung der Nachfrage nach Wahlfachkursen der ersten Jahrgangsstufen tritt auf bei
— späterem Wechsel des Faches oder der Fächer,
— Wiederholung eines Kurses.

1.1.3. Der Stand im Wahlfach berührt die Teilnahme am Gesamt- und Ergänzungsunterricht nicht. Eine Wiederholung des gesamten Unterrichts eines Jahrgangs (wie beim Jahrgangsklassensystem) ist nicht vorgesehen. Kollegiaten, die um ihres Wahlfachabschlusses willen über das 4. Jahr hinaus am Kolleg bleiben, müssen am Gesamt- und Ergänzungsunterricht nicht mehr teilnehmen; sie können auch innerhalb eines Studienjahres abschließen.

1.1.4. Die Aufnahme von „Gasthörern" in einzelne Kurse erscheint nicht sinnvoll, da die verschiedenen Unterrichtsarten am OStK ein zusammenhängendes System bilden.

1.1.5. Mit „Kontaktstudenten" braucht nicht zusätzlich gerechnet zu werden, da sie aus beruflichen und ökonomischen Gründen nur für kürzere Zeit an einem Direktunterricht teilnehmen können; für die Fortbildung sind sie auf spezifisch zugeschnittene Angebote angewiesen, die das OStK nicht anbieten kann. Für das Kontaktstudium ist an der Universität Bielefeld eine eigene Einrichtung, das „Zentrum für Wissenschaft und berufliche Praxis", geplant.

1.1.6. Zur Berücksichtigung von Hospitanten aus pädagogischem und didaktischem Interesse siehe Tabelle 18, lfd. Nr. 6.1.

1.2. Aufgrund dieser Annahmen könnte sich für die Verteilung der Kollegiaten auf die Jahrgänge die in Tabelle 1 dargestellte Struktur ergeben.

Tabelle 1: Zahl der Kollegiaten nach Jahrgängen

Jahrgänge	1.	2.	3.	4.	Summe
Kollegiaten insgesamt	220	210	190	180	800
davon Wechsler im Wahlfach		50	15	15	
Abgänger	10	20	10		

2. Kommentar zu Tabelle 2:
Generelles Zeitbudget eines Kollegiaten

2.1. Das Zeitbudget der Kollegiaten gliedert sich in:
— formalisierten Unterricht (von Lehrern betreuter und im Stundenplan ausgewiesener Wahlfach-, Ergänzungs- und Gesamtunterricht);
— nichtformalisierten Unterricht (u. a. Unterrichtsvorbereitung und -nachbereitung, einzeln und/oder in Gruppen);
— unterrichtsergänzende Aktivitäten (nicht unmittelbar unterrichtsbezogene Aktivitäten wie Selbstverwaltung, Erholung, Gespräche etc.).

2.2. Das Zeitbudget für die Arbeit des Kollegiaten im Kolleg bezieht sich auf eine 5-Tage-Woche.
Öffnungszeit des Kollegs 8.00 bis 22.00 Uhr,
Unterrichtszeit 9.00 bis 18.00 Uhr (in Ausnahmefällen bis 20.00 Uhr).

2.3. Während der Intensivphasen ist die Beanspruchung des Gebäudes geringer, weil ein Teil der vorgesehenen Tätigkeiten außerhalb des Kolleg-Gebäudes abgewickelt wird (vgl. o. 0.2.).

2.4. Ein Teil der Arbeit der Kollegiaten im nichtformalisierten Unterricht und ein Teil der unterrichtsergänzenden Aktivitäten werden außerhalb des Kollegs (zu Hause, im Wohnheim, in Fakultätsbibliotheken der Universität) stattfinden (vgl. Kommentare zu Tabelle 8 und 12).

2.5. Das generelle Zeitbudget der Kollegiaten des ersten Studienjahres erhöht sich um 2 Stunden pro Woche (= h/w) obligatorischen Sportunterricht.

Tabelle 2: Generelles Zeitbudget eines Kollegiaten (h/w)

	Gesamtunterricht	Ergänzungsunterricht					Wahlfach- unterricht		Summe h/w	Summe der im Kolleg verbrachten h/w
		Politik	Sprache	Naturwissenschaft	Mathematik	Künste	Wahlfach I	Wahlfach II		
formalisierter Unterricht (FU)	4	2	2	2	2	2	5	5	24	24
nichtformalisierter Unterricht (NFU)	4	1	1	1	1	1	5	5	19	13[1]
unterrichtsergänzende Aktivitäten (UEA)									10	6[2]
Summe h/w									53	43

[1] siehe Kommentar zu Tabelle 8
[2] siehe Kommentar zu Tabelle 12

3. Kommentar zu Tabelle 3:
Wahlverhalten der Kollegiaten im Wahlfachunterricht

3.1. Die Zusammenstellung ihrer Wahlfächer steht den Kollegiaten frei. Annahmen darüber, wie ihre Wahlen ausfallen werden, können sich derzeit nur ungefähr orientieren an:
— der Gewichtung der Wissenschaftsbereiche (Geisteswissenschaften, Gesellschaftswissenschaften, Naturwissenschaften) im gegenwärtigen Ausbildungssystem;
— dem Anteil der einzelnen Fächer bei den gegenwärtig Studierenden (vgl. Statistisches Jahrbuch 1969);
— der inhaltlich zu bestimmenden sinnvollen Kombination der beiden Wahlfächer;
— voraussehbaren und wünschenswerten Veränderungen gegenüber dem jetzigen Ausbildungssystem;
— den begrenzten Möglichkeiten (z. B. in Medizin, Technik) eines OStK in Bielefeld.

3.1.1. Danach ist für die einzelnen Wissenschaftsbereiche folgende Verteilung angenommen worden (zum Vergleich die prozentuale Verteilung der Studierenden an den Hochschulen der Bundesrepublik im WS 66/67 lt. Statistischem Jahrbuch 1969):

	Hochschulen BRD	OStK
Sozialwissenschaften	38,2 %	38 %
Sprach- und Literaturwissenschaften	13,8 %	15 %
Naturwissenschaften/Technik/Medizin	43,1 %	33 %
Mathematik/Informatik/Linguistik	3,5 %	10 %
Künste/Musik/Sport	1,4 %	4 %
Summe	100,0 %	100 %

3.1.2. Die in Tabelle 2 prognostizierte Aufteilung der Kollegiaten innerhalb der einzelnen Wissenschaftsbereiche stellt die durchschnittliche Gewichtung aus verschiedenen Annahmen über das Wahlverhalten der Kollegiaten dar.

3.2. Die in Tabelle 3 ausgewiesenen sprach- und literaturwissenschaftlichen Wahlfächer sind zu unterscheiden von Kursen, die lediglich dem Erwerb von fremdsprachlichen Kenntnissen (Sprech- und Lesefertigkeit) dienen und zusätzlich zu den Wahlfächern allen Kollegiaten angeboten werden. Diese Kurse sollen während der Intensivphasen (s. o. 0.2.) besucht werden. Es wird angenommen, daß jeder Kollegiat im Laufe der vier Kollegjahre drei Kurse dieser Art (als

Tabelle 3: Wahlverhalten der Kollegiaten im Wahlfachunterricht

Fachbereich	Fächer	Anzahl Kollegiaten
Sozialwissenschaften	Geschichte	32
	Kultur-Anthropologie	16
	Ökonomie	112
	Pädagogik	56
	Philosophie	32
	Politik	56
	Psychologie	88
	Rechtswissenschaft	84
	Soziologie	112
	Theologie	16
		604
Sprach- und Literaturwissenschaften	Arabisch	8
	Chinesisch	8
	Deutsch	52
	Englisch	52
	Französisch	40
	Griechisch	16
	Italienisch	24
	Latein	16
	Russisch	16
	Spanisch	16
		248
Naturwissenschaften, Technik, Medizin	Technik	52
	Biologie	112
	Chemie	112
	Geographie	24
	Physik	104
	Medizin	112
		516
	Informatik	52
	Linguistik	48
	Mathematik	68
		168
	Künste	24
	Musik	16
	Sport	24
		64
	Summe Kollegiaten (800×2 Fächer =)	1600

Grund- und/oder Fortgeschrittenenkurse) belegt. Der Raum- und Personalbedarf dafür ist in den folgenden Berechnungen nicht berücksichtigt, da nach einer Übereinkunft mit der Universität diese Kurse im Sprachenzentrum absolviert werden. Dort müssen Plätze ausgewiesen werden für $800 \times 3 = 2400$ Kursteilnehmer in 4 Jahren; d. h. für 300 Kursteilnehmer je Intensivphase.

4. Kommentar zu Tabelle 4:
Zahl der Teilnehmer an den verschiedenen Unterrichtsarten: Gruppengröße und Gruppenanzahl

4.1. Die Einteilung der Kurse in den Wahlfächern wird, unabhängig von der endgültig gewählten zeitlichen Gliederung des Studienjahres (Semester, Trimester), das Ausbildungsjahr der Kollegiaten im betreffenden Fach berücksichtigen müssen. Eine durchgehende Zusammenfassung mehrerer Ausbildungsjahrgänge zu einem Kurs wird nur dort vorgesehen, wo die mutmaßlichen Teilnehmerzahlen in dem jeweiligen Fach für eine Gliederung nach einzelnen Ausbildungsjahrgängen zu gering ist.

4.2. Die Zahl der Gruppen ist gewonnen durch Teilung der Gesamtzahl der mutmaßlichen Teilnehmer des Wahlfaches in 4 Ausbildungsjahrgänge, wobei
— bei Zahlen über 100 zwei Gruppen pro Ausbildungsjahrgang gebildet wurden, um die noch vertretbare maximale Gruppengröße von 28 nicht zu überschreiten;
— bei Zahlen unter 32 zwei Ausbildungsjahrgänge zu einer Gruppe zusammengefaßt wurden, um die ökonomisch vertretbare minimale Gruppengröße von 8 nicht zu unterschreiten.

4.3. Die Zahl der Teilnehmer am Sport — ohne Berücksichtigung der Kollegiaten mit Sport als Wahlfach — bestimmt sich folgendermaßen:
— obligatorischer Sportunterricht im 1. Kollegjahr:
für 220 Kollegiaten 2 h/w;
— freiwillige Teilnahme am Sportunterricht:
  1. für 100 Kollegiaten des 1. Kollegjahres über den obligatorischen Sportunterricht hinaus 2 h/w;
  2. für 200 Kollegiaten des 2., 3. und 4. Kollegjahres 4 h/w;
  3. für 400 Kollegiaten des 2., 3. und 4. Kollegjahres 2 h/w.

Tabelle 4: Zahl der Teilnehmer an den verschiedenen Unterrichtsarten: Gruppenanzahl und Gruppengröße

		Anzahl Kollegiaten	Anzahl der Gruppen	Gruppengröße
Gesamtunterricht		800	16	45-55
Ergänzungsunterricht	Politik	800	32	22-28
	Sprache	800	32	22-28
	Naturwissenschaft	800	52	14-16
	Mathematik	800	32	22-28
	Künste	800	32	22-28
Wahlfachunterricht	Geschichte	32	4	8
	Kultur-Anthropologie	16	2	8
	Ökonomie	112	8	14
	Pädagogik	56	4	14
	Philosophie	32	4	8
	Politik	56	4	14
	Psychologie	88	4	22
	Rechtswissenschaft	84	4	21
	Soziologie	112	8	14
	Theologie	16	2	8
	Arabisch	8	1	8
	Chinesisch	8	1	8
	Deutsch	52	4	13
	Englisch	52	4	13
	Französisch	40	4	10
	Griechisch	16	2	8
	Italienisch	24	2	12
	Lateinisch	16	2	8
	Russisch	16	2	8
	Spanisch	16	2	8
	Technik	52	4	13
	Biologie	112	8	14
	Chemie	112	8	14
	Geographie	24	2	12
	Physik	104	8	13
	Medizin	112	8	14
	Informatik	52	4	13
	Linguistik	48	4	12
	Mathematik	68	4	17
	Künste	24	2	12
	Musik	16	2	8
	Sport	24	2	12
Sport	Pflichtsport 1. Studienjahr	220	10	22
	freiwilliger Sport der Pflichtsportler	100	5	20
	freiwilliger Sport 2./3./4. Studienjahr	400	20	20

5. Kommentar zu Tabelle 5:
Zeitbudget der Kollegiaten nach Fächern und Lernsituationen im formalisierten Unterricht

5.1. Es wird zwischen folgenden Lernsituationen unterschieden:

5.1.1. *„Vortrag / Demonstration"*. Darunter sind zusammengefaßt: Vorlesung, Filmvorführung und Unterrichtsfernsehen, Demonstration (bes. in Naturwissenschaften, Technik, Medizin), Hearing, Podiumsdiskussion, Theateraufführung, Konzert etc. Da Diskussion unter den Teilnehmern hierbei nicht primär beabsichtigt ist, können die Gruppen bei entsprechendem Bedarf — der am OStK allerdings selten / nur bei Zusammenfassung mehrerer Kurse auftritt — sehr groß werden. Am Einzelplatz ist nur eine kleine Schreibgelegenheit für Notizen notwendig.

5.1.2. *„Großübung"* (Planspiel, Projekt). Diese Lernsituation verlangt einen Großraum, der mit Hilfe von Stellwänden so unterteilt werden kann, daß wahlweise folgende Aktivitäten möglich sind: ständiger Verkehr zwischen einzelnen und Gruppen, Gruppenarbeit mit Arbeitstischen, Plenardiskussion, Bau von Modellen, Zusammenstellen von Dokumentationen.

5.1.3. *„Theoretischer Unterricht mit möglicher Binnendifferenzierung"*: ein Unterricht mit raschem Wechsel zwischen Frontal-, Gruppen- und Einzelunterricht innerhalb derselben Unterrichtseinheit und desselben Raumes. Diese Unterrichtsform ist am OStK unentbehrlich, weil die Begrenzung der Kollegiatenzahl auf 800 bei gleichzeitig hohem Fächerangebot die äußere Differenzierung nach Fachleistungsgruppen (ohnehin in ihren Konsequenzen problematisch) und nach Neigungsgruppen unmöglich macht. Eine Zuweisung dieser binnendifferenzierenden Arbeitsformen zu je besonderen Räumen ist abzulehnen, weil sie mit einer stundenplanmäßigen Festlegung lange im voraus verbunden wäre; dies aber würde den Sinn eines solchen Unterrichts zerstören.

5.1.4. *„Praktisch-experimenteller Unterricht mit möglicher Binnendifferenzierung"*: Unterricht in hochinstallierten Räumen, wie z. B. naturwissenschaftlichen und medizinischen Labors, technischer Werkstatt, Rechenraum (mit Kleinrechengeräten und Computer terminal), Werkräumen für Kunst, Unterrichtsräumen für Musik, Turnhalle.
Hinsichtlich der auch in diesen Fachbereichen notwendigen Binnendifferenzierung gilt das schon für den „theoretischen Unterricht" Gesagte. Daraus folgt z. B. für die Labors, daß am Schülerarbeitsplatz sowohl „praktische Arbeit" (einzeln oder in Gruppen) wie „theoretische Arbeit" (Mitschreiben, Auswerten, Lesen, Rechnen) möglich sein müssen. Ferner muß im selben Raum möglich sein,

Tabelle 5: Zeitbudget des Kollegiaten nach Lernsituationen im formalisierten Unterricht (h/w)

		Vortrag Demonstration				Groß-übung	Theoret. Unterr. mit Binnendiff.			Experimenteller Unterricht*		Summe h/w
Teilnehmerzahl bis		16	28	60	220	60	8	16	28	16	28	
Gesamt-unterricht	1. Jahr			1,0	0,5	0,5			2,0			4,0
	2. Jahr			1,0	0,5	0,5			2,0			4,0
	3. Jahr			1,0	0,5	0,5		2,0				4,0
	4. Jahr			1,0	0,5	0,5		2,0				4,0
Ergänzungs-unterricht	Politik				0,25	0,25			1,5			2,0
	Sprache				0,25				1,75			2,0
	Naturwissenschaft				0,25					1,75 L		2,0
	Mathematik				0,25				1,75			2,0
	Künste				0,25				0,75 K		1,0 K	2,0
Wahlfach-unterricht	Geschichte			0,5				4,5				5,0
	Kultur-Anthropologie	0,5						4,5				5,0
	Ökonomie		0,5			0,75			3,5	0,25 R		5,0
	Pädagogik			0,5		0,5			3,5	0,25 R/0,25 B		5,0
	Philosophie			0,5				4,5				5,0
	Politik			0,5		0,75			3,5	0,25 R		5,0
	Psychologie					0,5			4,0	0,25 R/0,25 B		5,0
	Rechtswissenschaft					0,5		0,75	3,75			5,0
	Soziologie		0,5					0,75	3,25	0,25 R/0,25 B		5,0
	Theologie	0,5						4,5				5,0
	Arabisch							5,0				5,0
	Chinesisch							5,0				5,0
	Deutsch			0,5					4,5			5,0
	Englisch			0,5					4,5			5,0
	Französisch			0,5					4,5			5,0
	Griechisch	0,5						4,5				5,0
	Italienisch		0,5						4,5			5,0
	Lateinisch	0,5						4,5				5,0
	Russisch	0,5						4,5				5,0
	Spanisch	0,5						4,5				5,0
	Technik	0,5								4,25 L/0,25 R		5,0
	Biologie		0,5							4,5 L		5,0
	Chemie		0,5							4,5 L		5,0
	Geographie		0,5						4,0	0,5 L		5,0
	Physik		0,5							4,25 L/0,25 R		5,0
	Medizin		0,5						2,0	2,0 L/0,5 S		5,0
	Informatik			1,0					3,75	0,25 R		5,0
	Linguistik			1,0					4,0			5,0
	Mathematik		0,5							4,25	0,25 R	5,0
	Künste		1,0							4,0 K		5,0
	Musik	1,0								4,0 K		5,0
	Sport		1,0							4,0 S		5,0

* L = Labor K = Kunst- und Musikfachraum B = Beobachtungsraum
 R = Rechenlabor S = Sporthalle (außerhalb des OStK)

daß die Kollegiaten gemeinsam mit dem Lehrer zusammenkommen zu theoretischen Einführungen in das jeweilige neue Aufgabengebiet, zu Zwischenerklärungen und zur Diskussion von Zwischenergebnissen sowie zu gemeinsamer Auswertung der experimentellen Einzel- und Gruppenarbeit. Ob dieser Teil des Raumes in Verbindung zum Lehrerarbeitsplatz gebracht und mit diesem zusammen vom übrigen Labor durch (z. B.) eine Glaswand abgetrennt wird, ist von den Bedingungen des jeweiligen Labors abhängig.

5.1.5. Für Psychologie und einige Sozialwissenschaften ist ein *Beobachtungsraum* (mit Einwegscheibe) notwendig. Da er am OStK jedoch nicht hinreichend ausgenutzt wäre, wird vorgesehen, daß die Kollegiaten einen derartigen Raum bei der Abteilung Psychologie der Universität sowie die Unterrichtsmitschauanlage an der Laborschule mitbenutzen.

5.2. Die — vor Aufnahme der Curriculumentwicklung geschätzten — Anteile dieser Lernsituationen an der Gesamtzeit des formalisierten Unterrichts gehen aus der Tabelle 5 hervor.

6. Kommentar zu Tabelle 6.1, 6.2, 6.3:
Summe der Stunden von Unterrichtsgruppen nach Fächern und Lernsituationen im formalisierten Unterricht

6.1. Die Daten der Tabelle ergeben sich aus der Multiplikation der Angaben über das Zeitbudget der Kollegiaten nach Lernsituationen (vgl. Tabelle 5) mit der Zahl der Unterrichtsgruppen (unter Berücksichtigung der möglichen Gruppengrößen, siehe Tabelle 4).

6.2. Gesonderte Aufstellungen werden gegeben für:
— Labors (Aufgliederung der pauschalen Angaben in Tabelle 6): siehe Tab. 9.
— Kunst und Musik (Aufgliederung der pauschalen Angaben der Tabellen 6, 8 und 12): siehe Tabelle 10.
— Sport (inklusive des in der Tabelle 6 bereits enthaltenen Wahlfachsports): siehe Tabelle 11.

6.3. Vorträge vor bis zu 16 Teilnehmern finden in den Räumen für theoretischen Unterricht für bis zu 16 Teilnehmer statt, ebenso Vorträge vor bis zu 28 Teilnehmern in den entsprechenden Unterrichtsräumen für bis zu 28 Teilnehmer (siehe Tabelle 19, lfd. Nr. 1.2. und 1.3.; Spalte 6).

6.4. Die Vorträge für 60 Teilnehmer finden im großen Vortragsraum für 220 Teilnehmer statt (siehe Tabelle 19, lfd. Nr. 1.5.; Spalte 6).

Tabelle 6.1 : Summe der Stunden von Unterrichtsgruppen nach Fächern und Lernsituationen im formalisierten Unterricht

		bis 16 Teilnehmer				bis 28 Teilnehmer				bis 60 Teilnehmer				bis 220 Teilnehmer			
		Anzahl Gruppen	Gruppen-größe	Gruppen-h/w	Summe Gruppen-h/w	Anzahl Gruppen	Gruppen-größe	Gruppen-h/w	Summe Gruppen-h/w	Anzahl Gruppen	Gruppen-größe	Gruppen-h/w	Summe Gruppen-h/w	Anzahl Gruppen	Gruppen-größe	Gruppen-h/w	Summe Gruppen-h/w
Gesamt-unterricht	1. Jahr									4	55	1,0	4,0	1	220	0,5	0,5
	2. Jahr									4	53	1,0	4,0	1	210	0,5	0,5
	3. Jahr									4	48	1,0	4,0	1	190	0,5	0,5
	4. Jahr									4	45	1,0	4,0	1	180	0,5	0,5
Zwischensumme													16				2,0
Ergänzungs-unterricht	Politik													4	180-220	0,25	1,0
	Sprache													4		0,25	1,0
	Naturwissenschaft													4		0,25	1,0
	Mathematik													4		0,25	1,0
	Künste													4		0,25	1,0
Zwischensumme																	5,0
Wahlfach-unterricht	Geschichte	1	16	0,5	0,5					1	32	0,5	0,5				
	Kultur-Anthropologie					4	28	0,5	2,0								
	Ökonomie									1	56	0,5	0,5				
	Pädagogik									1	32	0,5	0,5				
	Philosophie									1	56	0,5	0,5				
	Politik																

Fach																
Psychologie													1	88	0,5	0,5
Rechtswissenschaft													1	84	0,5	0,5
Soziologie																
Theologie	1	16	0,5	0,5	4	28	0,5	2,0								
Arabisch	1	16		0,5												
Chinesisch																
Deutsch	1	16	0,5	0,5												
Englisch	1	16	0,5	0,5	1	24	0,5	0,5	1	52	0,5	0,5				
Französisch	1	16	0,5	0,5					1	52	0,5	0,5				
Griechisch									1	40	0,5	0,5				
Italienisch	1	16	0,5	0,5												
Lateinisch	1	16	0,5	0,5												
Russisch	1	16	0,5	0,5												
Spanisch	1	16	0,5	0,5												
Technik	4	13	0,5	2,0	4	28	0,5	2,0								
Biologie					4	28	0,5	2,0								
Chemie					4	24	0,5	2,0								
Geographie					1	26	0,5	0,5								
Physik					4	28	0,5	2,0								
Medizin					4		0,5	2,0								
Informatik					4	17	0,5	2,0	1	52	1,0	1,0				
Linguistik	1	16	1,0	1,0	1	24	1,0	1,0	1	48	1,0	1,0				
Mathematik					1	24	1,0	1,0								
Künste																
Musik																
Sport																
Zwischensumme			6,0	6,0			17,0	17,0			5,5				1,0	
Endsumme				6,0				17,0				21,5				8,0

Tabelle 6.2 : Summe der Stunden von Unterrichtsgruppen nach Fächern und Lernsituationen im formalisierten Unterricht

		Großübung bis 60 Teilnehmer				Theoretischer Unterricht mit Binnendifferenzierung											
						bis 8 Teilnehmer				bis 16 Teilnehmer				bis 28 Teilnehmer			
		Anzahl Gruppen	Gruppengröße	Gruppenh/w	Summe Gruppen-h/w	Art der Großübg. (Planspiel/Projekt)	Anzahl Gruppen	Gruppengröße	Gruppen-h/w	Summe Gruppen-h/w	Anzahl Gruppen	Gruppengröße	Gruppen-h/w	Summe Gruppen-h/w	Anzahl Gruppen	Gruppengröße	Gruppen-h/w	Summe Gruppen-h/w
Gesamtunterricht	1. Jahr	4	55	0,5	2,0						12	16	2,0	24,0	12	19	2,0	24,0
	2. Jahr	4	53	0,5	2,0						12	15	2,0	24,0	12	18	2,0	24,0
	3. Jahr	4	48	0,5	2,0													
	4. Jahr	4	45	0,5	2,0													
Zwischensumme					8,0									48,0				48,0
Ergänzungsunterricht	Politik	16	45-55	0,25	4,0	Pl									32	22-28	1,5	48,0
	Sprache														32	22-28	1,75	56,0
	Naturwissenschaft																	
	Mathematik														32	22-28	1,75	56,0
	Künste														32	22-28	0,75	24,0
Zwischensumme					4,0													184,0
Wahlfachunterricht	Geschichte						4	8	4,5	18,0								
	Kultur-Anthropologie						2	8	4,5	9,0								
	Ökonomie	2	56	0,75	1,5	Pl					8	14	3,5	28,0				
	Pädagogik	1	56	0,5	0,5	Pr					4	14	3,5	14,0				
	Philosophie						4	8	4,5	18,0								
	Politik	1	56	0,75	0,75	Pl					4	14	3,5	14,0				

Psychologie	2	42	0,75	1,5	PI									4	22	4,0	16,0
Rechtswissenschaft	2	56	0,75	1,5	PI									4	21	3,75	15,0
Soziologie																	
Theologie																	
Arabisch						1	8	5,0	5,0								
Chinesisch						1	8	5,0	5,0								
Deutsch										4	13	4,5	18,0				
Englisch										4	13	4,5	18,0				
Französisch										4	10	4,5	18,0				
Griechisch						2	8	4,5	9,0								
Italienisch										2	12	4,5	9,0				
Lateinisch						2	8	4,5	9,0								
Russisch						2	8	4,5	9,0								
Spanisch						2	8	4,5	9,0								
Technik																	
Biologie																	
Chemie																	
Geographie										2	12	4,0	8,0				
Physik										8	14	2,0	16,0				
Medizin																	
Informatik										4	13	3,75	15,0				
Linguistik										4	12	4,0	16,0				
Mathematik														4	17	4,25	17,0
Künste																	
Musik																	
Sport																	
Zwischensumme			5,75						100,0				200,0				48,0
Endsumme			17,75						100,0				248,0				280,0

Tabelle 6.3 : Summe der Stunden von Unterrichtsgruppen nach Fächern und Lernsituationen im formalisierten Unterricht

		Experimenteller Unterricht bis 16 Teilnehmer								Experimenteller Unterricht bis 28 Teilnehmer				
		Anzahl Gruppen	Gruppen-größe	Gruppen-h/w	Summe h/w Labor	Summe h/w Rechen-Lab.	Summe h/w Kunst	Summe h/w Musik	Summe h/w Sporthalle	Summe h/w Beobachtg.	Anzahl Gruppen	Gruppen-größe	Gruppen-h/w	Summe h/w Kunst	Summe h/w Musik
Gesamt-unterricht															
Zwischensumme															
Ergänzungs-unterricht	Politik Sprache Naturwissenschaft Mathematik Künste	52	14-16	1,75	91,0										
Zwischensumme					91,0										
Wahlfach-unterricht	Geschichte Kultur-Anthropologie Ökonomie Pädagogik Philosophie Politik	8 4 4	14 14 14	0,25 0,25/0,25 0,25		2,0 1,0 1,0				1,0*	32	22-28	0,5/0,5	16,0 16,0	16,0 16,0

108

Fach											*außerhalb des Ostk
Psychologie	8	11	0,5		2,0				2,0*		
Rechtswissenschaft											
Soziologie	8	14	0,25/0,25		2,0				2,0*		
Theologie											
Arabisch											
Chinesisch											
Deutsch											
Englisch											
Französisch											
Griechisch											
Italienisch											
Lateinisch											
Russisch											
Spanisch											
Technik	4	13	4,25/0,25	17,0	1,0						
Biologie	8	14	4,5	36,0							
Chemie	8	14	4,5	36,0							
Geographie	2	12	0,5	1,0							
Physik	8	13	4,25/0,25	34,0	2,0						
Medizin	8	14	2,0/0,5	16,0				4,0			
Informatik	4	13	0,25		1,0						
Linguistik											
Mathematik	8	9	0,25		2,0						
Künste	2	12	4,0			8,0					
Musik	2	8	4,0				8,0				
Sport	1	24	4,0					4,0			
Zwischensumme				140,0	14,0	8,0	8,0	8,0	5,0*		
Endsumme				231,0	14,0	8,0	8,0	8,0	5,0*	16,0	16,0

7. Kommentar zu Tabelle 7:
Zeitbudget der Kollegiaten nach Fächern und Lernsituationen im nichtformalisierten Unterricht

Die Tabelle 7 gibt die für die Vor- und Nachbereitung des Unterrichts vorgesehene Zeit (vgl. Tabelle 2, NFU) wieder, aufgegliedert nach Fächern und Lernsituationen. Als „büromäßig" werden dabei Arbeitsplätze bezeichnet, die nicht auf hochinstallierte Räume angewiesen, sondern lediglich mit büromäßigem Mobiliar ausgestattet sind.

Tabelle 7: Zeitbudget der Kollegiaten nach Fächern und Lernsituationen im nichtformalisierten Unterricht

		Anzahl der Kollegiaten	Bibliothek	Theor. Unterr. büromäßig		Experimenteller Unterricht Einzel- und Kleingruppenarbeit					Summe h/w
				Einzelarbeit	Kleingruppenarbeit	Labor	Werkstatt	Rechenlabor	Fachräume für Kunst	Fachräume für Musik	
Gesamtunterricht	1. Jahr	220	1,0		3,0						4,0
	2. Jahr	210	1,0		3,0						4,0
	3. Jahr	190	1,0		3,0						4,0
	4. Jahr	180	1,0		3,0						4,0
Ergänzungsunterricht	Politik	800	0,5		0,5						1,0
	Sprache	800	0,5		0,5						1,0
	Naturwissenschaft	800	0,3			0,7					1,0
	Mathematik	800	0,5		0,5						1,0
	Künste	800	0,5						0,25	0,25	1,0
Wahlfachunterricht	Geschichte	32	3,0	1,0	1,0						5,0
	Kultur-Anthropologie	16	3,0	1,0	1,0						5,0
	Ökonomie	112	2,0	0,75	2,0			0,25			5,0
	Pädagogik	56	2,0	0,75	2,0			0,25			5,0
	Philosophie	32	3,0	1,0	1,0						5,0
	Politik	56	1,0	1,75	2,0			0,25			5,0
	Psychologie	88	2,0	1,75	1,0			0,25			5,0
	Rechtswissenschaft	84	2,0	2,0	1,0						5,0
	Soziologie	112	1,0	0,75	3,0			0,25			5,0
	Theologie	16	3,0	1,0	1,0						5,0
	Arabisch	8	2,0	2,0	1,0						5,0
	Chinesisch	8	2,0	2,0	1,0						5,0
	Deutsch	52	2,0	2,0	1,0						5,0
	Englisch	52	2,0	2,0	1,0						5,0
	Französisch	40	2,0	2,0	1,0						5,0
	Griechisch	16	2,0	2,0	1,0						5,0
	Italienisch	24	2,0	2,0	1,0						5,0
	Lateinisch	16	2,0	2,0	1,0						5,0
	Russisch	16	2,0	2,0	1,0						5,0
	Spanisch	16	2,0	2,0	1,0						5,0
	Technik	52	1,0	0,5		2,75	0,5	0,25			5,0
	Biologie	112	1,0	0,5		3,5					5,0
	Chemie	112	1,0	0,5		3,5					5,0
	Geographie	24	3,0	1,0	1,0						5,0
	Physik	104	1,0	0,5		2,75	0,5	0,25			5,0
	Medizin	112	2,0	0,5	0,5	2,0					5,0
	Informatik	52	3,0	1,0	1,0						5,0
	Linguistik	48	3,0	1,0	1,0						5,0
	Mathematik	68	2,0	1,0	2,0						5,0
	Künste	24	2,0						3,0		5,0
	Musik	16	2,0							3,0	5,0
	Sport	24	1,0			(4 h/w Turnhalle)					5,0

8. Kommentar zu Tabelle 8:
Summe der Kollegiaten-Stunden nach Fächern und Lernsituationen im nichtformalisierten Unterricht

8.1. Die Summe der Kollegiaten-Stunden im nichtformalisierten Unterricht wird in Tabelle 8 unabhängig davon wiedergegeben, ob die jeweilige Arbeit im Kolleg oder an anderen Orten (Universität, Wohnheim, zu Hause) stattfindet.

8.2. Die Reduktion der hier für den nichtformalisierten Unterricht angesetzten 19 h/w auf 13 h/w (vgl. Tabelle 2) beruht auf folgenden Annahmen und Berechnungen:

8.2.1. Grundsätzlich sollten die Kollegiaten den größten Teil ihrer Arbeit im Kolleg absolvieren können. Hierdurch sollen u. a. die soziale Integration gefördert, Gruppenarbeit ermöglicht, schichtenspezifische Benachteiligung ausgeglichen werden. Die Verteilung des Lehrangebots über den ganzen Tag, schon aus stundenplantechnischen Gründen unumgänglich, wird dazu auch äußeren Anlaß bieten.

8.2.2. Von den einzelnen, für den nichtformalisierten Unterricht vorgesehenen Tätigkeiten müssen in jedem Fall im Kolleg erledigt werden:
— Arbeit in Labor, Werkstatt, Musik- und Kunsträumen, Rechenraum, Sportanlagen zu 100 %;
— die Bibliotheksarbeit zu 50 % (Anlesen, Bibliographieren, Studium nicht ausleihbarer Werke).

8.2.3. Frei disponierbar sind also nur Einzel- und Gruppenarbeit, sofern sie nicht auf hochinstallierte Räume bzw. die Bibliothek im oben (8.2.2.) angegebenen Sinn angewiesen sind.

8.2.4. Daraus ergibt sich im einzelnen:

8.2.4.1. Für die *Bibliothek* wird angenommen:
Es erledigen von ihrer gesamten Bibliotheksarbeitszeit (5488 h/w) im Kolleg oder in der Universität

400 Kollegiaten	100 %	=	2744 h/w
100 Kollegiaten	75 %	=	515 h/w
300 Kollegiaten	50 %	=	1029 h/w
	Summe	=	4288 h/w
davon in der Universität*			800 h/w
an Schreibmaschinenplätzen (10 % v. 4288)			429 h/w
	Summe	=	3059 h/w

8.2.4.2. Für die *Kleingruppenarbeit* wird angenommen:
Es erledigen von ihrer gesamten Kleingruppenarbeitszeit im Kolleg
a) für den Gesamtunterricht
   800 Kollegiaten   100 %   =   2400 h/w
b) für Ergänzungs- und Wahlfachunterricht
   600 Kollegiaten   80 %   =   1656 h/w
   200 Kollegiaten   50 %   =   345 h/w
                    Summe   =   4401 h/w

Die Annahme zu a) ergibt sich daraus, daß der Gesamtunterricht jeweils neue, u. U. interdisziplinär zusammengesetzte Gruppen erfordert und häufig mit der Arbeit an einem Projekt verbunden ist.
Die Berechnung zu b) beruht auf der Addition der in Tabelle 8 ausgewiesenen Kleingruppenstunden für den Ergänzungsunterricht (1200 h/w) und den Wahlfachunterricht (1560 h/w), zusammen 2760 h/w.

8.2.4.3. Von der in Tabelle 8 ausgewiesenen *Einzelarbeit am „büromäßigen" Arbeitsplatz* wird angenommen, daß sie im allgemeinen abends und am Wochenende zu Hause stattfindet. Wenn dies in Ausnahmefällen nicht möglich oder wünschenswert ist, stünden hierfür die ohnehin am Kolleg vorgesehenen Unterrichtsräume und Bibliotheksplätze zur Verfügung, so daß gesonderte Räume nicht veranschlagt werden müssen.

---

* Bei der Bauplanung der Universität sind pro Fakultätsbibliothek 6 Plätze, insgesamt also 60 Plätze, für OStK und Laborschule ausgewiesen. Bei einer Ausnutzung dieser Plätze mit 30 h/w bedeutet dies 1800 h/w, von denen $^2/_3$ dem OStK und $^1/_3$ der Laborschule zur Verfügung stehen sollen. Von den 1200 h/w für das OStK werden 400 h/w für die Lehrer, 800 h/w für die Kollegiaten angesetzt.

Tabelle 8: Summe der Kollegiaten-Stunden nach Fächern und Lernsituationen im nichtformalisierten Unterricht

		Anzahl Kollegiaten	Bibliothek		Theoretischer Unterricht				Experimenteller Unterricht				
					Einzelarbeit büromäßig		Kl. Grp. Arb. büromäßig			Einzel- und Kleingruppenarbeit			
			Kollegiaten h/w	Summe h/w	Kollegiaten h/w	Summe h/w	Kollegiaten h/w	Summe h/w	Kollegiaten h/w	Labor Summe h/w	Rechen-Lab. Summe h/w	Werkstatt Summe h/w	Kunst Summe h/w	Musik Summe h/w
Gesamt-unterricht	1. Jahr	220	1,0	220,0			3,0	660,0						
	2. Jahr	210	1,0	210,0			3,0	630,0						
	3. Jahr	190	1,0	190,0			3,0	570,0						
	4. Jahr	180	1,0	180,0			3,0	540,0						
Zwischen-summe				800,0				2400,0						
Ergänzungs-unterricht	Politik	800	0,5	400,0			0,5	400,0						
	Sprache	800	0,5	400,0			0,5	400,0						
	Naturwissenschaft	800	0,3	240,0					0,7	560,0				
	Mathematik	800	0,5	400,0			0,5	400,0						
	Künste	800	0,5	400,0					0,5				200,0	200,0
Zwischen-summe				1840,0				1200,0		560,0			200,0	200,0
Wahlfach-unterricht	Geschichte	32	3,0	96,0	1,0	32,0	1,0	32,0						
	Kultur-Anthropologie	16	3,0	48,0	1,0	16,0	1,0	16,0						
	Ökonomie	112	2,0	224,0	0,75	84,0	2,0	224,0	0,25		28,0			
	Pädagogik	56	2,0	112,0	0,75	42,0	2,0	112,0	0,25		14,0			
	Philosophie	32	3,0	96,0	1,0	32,0	1,0	32,0						
	Politik	56	1,0	56,0	1,75	98,0	2,0	112,0	0,25		14,0			

Fach													
Psychologie	88	2,0	176,0	1,75	154,0	1,0	88,0	0,25		22,0			
Rechtswissenschaft	84	2,0	168,0	2,0	168,0	1,0	84,0			28,0			
Soziologie	112	1,0	112,0	0,75	84,0	3,0	336,0	0,25					
Theologie	16	3,0	48,0	1,0	16,0	1,0	16,0						
Arabisch	8	2,0	16,0	2,0	16,0	1,0	8,0						
Chinesisch	8	2,0	16,0	2,0	16,0	1,0	8,0						
Deutsch	52	2,0	104,0	2,0	104,0	1,0	52,0						
Englisch	52	2,0	104,0	2,0	104,0	1,0	52,0						
Französisch	40	2,0	80,0	2,0	80,0	1,0	40,0						
Griechisch	16	2,0	32,0	2,0	32,0	1,0	16,0						
Italienisch	24	2,0	48,0	2,0	48,0	1,0	24,0						
Lateinisch	16	2,0	32,0	2,0	32,0	1,0	16,0						
Russisch	16	2,0	32,0	2,0	32,0	1,0	16,0						
Spanisch	16	2,0	32,0	2,0	32,0	1,0	16,0						
Technik	52	1,0	52,0	0,5	26,0			3,5	143,0	13,0	26,0		
Biologie	112	1,0	112,0	0,5	56,0			3,5	392,0				
Chemie	112	1,0	112,0	0,5	56,0			3,5	392,0				
Geographie	24	3,0	72,0	1,0	24,0	1,0	24,0						
Physik	104	1,0	104,0	0,5	52,0			3,5	286,0	26,0	52,0		
Medizin	112	2,0	224,0	1,0	112,0			2,0	224,0				
Informatik	52	3,0	156,0	0,75	39,0	1,0	52,0	0,25		13,0			
Linguistik	48	3,0	144,0	1,0	48,0	1,0	48,0			17,0			
Mathematik	68	2,0	136,0	0,75	51,0	2,0	136,0	0,25					
Künste	24	2,0	48,0				48,0	3,0					
Musik	16	2,0	32,0				32,0	3,0					
Sport	24	1,0	24,0					4,0	(96 Stunden Sporthalle)			72,0	48,0
Zwischensumme			2848,0		1686,0		1560,0		1437,0	175,0	78,0	72,0	48,0
Endsumme			5488,0		1686,0		5160,0		1997,0	175,0	78,0	272,0	248,0

9. Kommentar zu Tabelle 9:
Zeitliche Nutzung fachspezifischer Laboreinheiten
im formalisierten und nichtformalisierten Unterricht

9.1. Die in Tabelle 6.3 ermittelten Laborstunden im formalisierten Unterricht und die in Tabelle 8 ermittelten Einzel- und Kleingruppenlaborstunden im nichtformalisierten Unterricht werden in Tabelle 9 nach Fächern getrennt auf 5 Grundlabors (Technik, Biologie, Chemie, Physik, Medizin) und 2 Aufbaulabors (Technik und Chemie) verteilt.

9.2. Eine „Laboreinheit" ist für maximal 16 Teilnehmer angelegt. Mindestens 2 Grundlaboreinheiten desselben Faches (z. B. Physik) sollen zu einer Einheit gekoppelt werden können, so daß Unterricht bis zu einer Gruppengröße von 32 Kollegiaten möglich ist.

9.3. Die Einzel- bzw. Kollegiaten-h/w des nichtformalisierten Unterrichtes werden pro Labor umgerechnet in Gruppenstunden, wobei mit Rücksicht auf die Koordinationsschwierigkeiten der Einzelarbeit angenommen ist, daß ein Labor mit 12 gleichzeitig arbeitenden Kollegiaten als ausgelastet angesehen werden kann.

Tabelle 9: Zeitliche Nutzung fachspezifischer Laboreinheiten durch formalisierten und nichtformalisierten experimentellen Unterricht.

1	2	3	4 Grundlabor Technik			5 Grundlabor Biologie			6 Grundlabor Chemie			7 Grundlabor Physik			8 Grundlabor Medizin			9 Aufbaulabor Technik			10 Aufbaulabor Chemie		
	Anzahl Gruppen bzw. Kollegiaten	Summe Gruppen·h/w bzw. Kollegiaten·h/w	Anteil von Spalte 3	Kollegiaten· h/w	Gruppen· h/w	Anteil von Spalte 3	Kollegiaten· h/w	Gruppen· h/w	Anteil von Spalte 3	Kollegiaten· h/w	Gruppen· h/w	Anteil von Spalte 3	Kollegiaten· h/w	Gruppen· h/w	Anteil von Spalte 3	Kollegiaten· h/w	Gruppen· h/w	Anteil von Spalte 3	Kollegiaten· h/w	Gruppen· h/w	Anteil von Spalte 3	Kollegiaten· h/w	Gruppen· h/w
Formalisierter Unterricht																							
Ergänzungs-Unterricht	52	1,75	0,25		13,0	0,25		13,0	0,25		13,0	0,25		13,0	0,25		13,0	0,25		13,0	0,25		13,0
Wahlfach Technik	4	4,25	1,25	80	5,0				0,5	80	2,0	1,0	80	4,0				1,5	80	6,0			
Wahlfach Biologie	8	4,5				2,25		18,0	0,75	13	6,0	0,75	26	6,0	0,75	80	6,0						12,0
Wahlfach Chemie	8	4,5							2,0	56	16,0	1,0	28	8,0									
Wahlfach Geographie	2	0,5										0,5		1,0									
Wahlfach Physik	8	4,25	1,0		8,0				1,0	52	8,0	2,25	84	18,0	1,0		8,0						
Wahlfach Medizin	8	2,0							0,25	28	2,0	0,25		2,0							0,1	28	
Summe 1				184	26,0		332	35,0		397	33,0		428	52,0		276	27,0		132	19,0		248	25,0
Nichtformalisierter Unterricht																							
Ergänzungs-Unterricht	800	0,7	0,1			0,1			0,1			0,1			0,1			0,1			0,1		
Wahlfach Technik	52	2,75	1,0	52			80		0,25			0,5						1,0					
Wahlfach Biologie	112	3,5				1,75	196		0,5			0,25			0,75						0,25	140	
Wahlfach Chemie	112	3,5							1,5	168		0,75									1,25		
Wahlfach Geographie	24	0,0																					
Wahlfach Physik	104	2,75							0,5	52		1,75	182			112							
Wahlfach Medizin	112	2,0	0,5	52		0,5	56		0,25	28		0,25	28		1,0								
Summe 2					15,0			28,0						36,0			23,0			11,0			21,0
Summe 1 + 2					41,0			63,0			80,0			88,0			50,0			30,0			46,0

117

10. Kommentar zu Tabelle 10:
Zeitliche Nutzung der Räume für Kunst- und Musikunterricht

10.1. Die in Tabelle 6, 8 und 12 für Kunst und Musik pauschal angegebenen Wochenstunden werden in Tabelle 10 (nach FU, NFU und UEA getrennt) prozentual verteilt auf unterschiedlich ausgestattete Fachräume.

10.2. Die pro Raum bzw. pro Fläche anfallenden Einzelstunden werden aufgrund der mutmaßlichen Teilnehmerzahl auf Gruppenstunden umgerechnet.

Tabelle 11: Teilnahme der Kollegiaten am Sportunterricht

		Gruppengröße	Anzahl Gruppen	Gruppen-h/w	Summe Gruppen-h/w
Obligatorischer Sportunterricht 1. Kollegjahr		22	10	2,0	20,0
Freiwilliger Sportunterricht	1. Kollegjahr	20	5	2,0	10,0
	2./3./4. Kollegjahr	20	10	4,0	40,0
	2./3./4. Kollegjahr	20	20	2,0	40,0
Wahlfachsportler (FU)		24	1	4,0	4,0
Wahlfachmediziner (FU)		28	4	0,5	2,0
Wahlfachsportler (NFU)		24	1	4,0	4,0
Training von Sportlehrern und Trainern		7	1	6,0	6,0*
Summe					120,0

* In der Endsumme nicht inbegriffen (siehe Kommentar 11.3)

12. Kommentar zu Tabelle 12:
Unterrichtsergänzende Aktivitäten der Kollegiaten (UEA)

12.1. Es wird davon ausgegangen, daß jeder Kollegiat pro Tag 2 Stunden mit unterrichtsergänzenden Aktivitäten innerhalb des Kollegs verbringt (siehe Tabelle 2). Dazu kommen 4mal 0,25 = 1,0 Stunden pro Tag (= h/d) Pausen zwischen den Unterrichtsveranstaltungen. (Diese Pausen sind in Tabelle 4 in den 24 Stunden des formalisierten Unterrichts enthalten.)
Summe der UEA-Stunden aller Kollegiaten:
  3 x 800   = 2400 h/d.
Davon sind abzuziehen für Mittagessen in der Mensa der Universität:
  600 x 0,75   = 450 h/d
und für Mittagessen der Kollegiaten, die zu Hause oder in der Stadt essen:
  50 x 1,5   =   75 h/d
  _____
      Summe = 525 h/d*

12.2. Die verbleibenden 2400—525 = 1875 Kollegiaten-h/d werden wie folgt verteilt:

10 % für Kollegiatenvertretung	187,6 h/d
5 % für Diskussionen, Versammlungen	93,8 h/d
15 % für Spiel und Sport im Freien	281,4 h/d
5 % für Tischtennis	93,8 h/d
30 % für alle Aktivitäten, die Fachräume für Kunst und Musik benötigen	562,5 h/d
30 % für Aufenthalt in der Cafeteria	562,5 h/d
5 % für Ausruhen (Ruheraum)	93,8 h/d

12.2.1. Für die Kollegiatenvertretung wird eine büromäßig ausgestattete Fläche (24,0 m²) zur Verfügung gestellt.
Diskussionen und Versammlungen werden mit 4,0 h/w im Vortragsraum berücksichtigt (93,8 x 5 = 469,0 h/w : 120 Teilnehmer = ca. 4,0 h/w).
Für Spiel und Sport im Freien sollen außer den eigentlichen Sportfreiflächen und zusätzlich zur Pausenfreifläche 2 Hartspielplätze (22 x 27 m) erstellt werden.
Tischtennisplatten können in beliebiger Zahl innerhalb der Verkehrsfläche aufgestellt werden.

12.2.2. Der Bedarf an Kunst- und Musikfachräumen wird gesondert berechnet in Tabelle 10.

12.2.3. In Tabelle 12 wird die erforderliche Platzzahl für die Cafeteria und den Ruheraum unter Berücksichtigung von Spitzenzeiten ermittelt.

---

* Die restlichen 150 Kollegiaten bleiben über Mittag im Kolleg (Cafeteria etc.).

Tabelle 12: Unterrichtsergänzende Aktivitäten der Kollegiaten

0	1	2				3				4			
	Kollegiaten-h/d	12⁰⁰ – 15⁰⁰				18⁰⁰ – 20⁰⁰				8⁰⁰ – 22⁰⁰			
		%-Anteil von Spalte 1	Anteil in h/d von Spalte 1	zur Verfügung stehende Zeit	Anzahl der benötigten Plätze	%-Anteil von Spalte 1	Anteil in h/d von Spalte 1	zur Verfügung stehende Zeit	Anzahl der benötigten Plätze	%-Anteil von Spalte 1	Anteil in h/d von Spalte 1	zur Verfügung stehende Zeit	Anzahl der benötigten Plätze
Cafeteria	562,5	50	281,0	3,0	94	25	140,0	2,0	70	25	140,0	(von 9⁰⁰ bis 22⁰⁰) 8,0	18
Ruheraum	93,0	50	47,0	3,0	16	10	9,0	2,0	4	40	38,0	(von 15⁰⁰ bis 18⁰⁰) 3,0	13

13. Kommentar zu Tabelle 13:
Durchschnittliche Zeitbudgets von Kollegiaten nach Fachbereichen und Lernsituationen

Tabelle 13 gibt, aufgeschlüsselt nach Fachbereichen Durchschnittswerte für einen konstruierten „Durchschnitts"-Kollegiaten an und soll dem überschlägigen Vergleich der verschiedenen Lernsituationen und ihrer Gewichtung in den einzelnen Fachbereichen dienen.

Für den formalisierten Unterricht stammen die Angaben aus Tabelle 5, für den nichtformalisierten Unterricht aus Tabelle 7.

Tabelle 13: Durchschnittliche Zeitbudgets von Kollegiaten in h/w nach Fachbereichen und Lernsituationen

		Unterrichtsart	Sozial-wissenschaften	Summe	Sprachwissenschaften	Summe	Naturwissenschaften	Summe	Informatik, Linguistik, Mathematik	Summe	Künste, Sport	Summe	Mittelwert
Formalisierter Unterricht	Theoretischer Unterricht mit Binnendifferenzierung	GU EU WU	2,0 5,75 7,9	15,65	2,0 5,75 9,2	16,95	2,0 5,75 2,0	9,75	2,0 5,75 8,0	15,75	2,0 5,75 –	7,75	ca. 13,0
	Großübung	GU EU WU	0,5 0,25 0,7	1,45	0,5 0,25 –	0,75	0,5 0,25 –	0,75	0,5 0,25 –	0,75	0,5 0,25 –	0,75	ca. 1,0
	Vortrag	GU EU WU	1,5 1,25 1,0	3,75	1,5 1,25 0,8	3,55	1,5 1,25 1,0	3,75	1,5 1,25 1,67	4,42	1,5 1,25 2,0	4,75	ca. 4,0
	Experimenteller Unterricht	GU EU WU	– 2,75 0,4	3,15	– 2,75 –	2,75	– 2,75 7,0	9,75	– 2,75 0,33	3,08	– 2,75 8,0	10,75	ca. 6,0
	Zwischensumme			24,0		24,0		24,0		24,0		24,0	24,0
Nichtformalisierter Unterricht	Bibliotheksarbeit	GU EU WU	1,0 2,3 4,4	7,7	1,0 2,3 4,0	7,3	1,0 2,3 3,0	6,3	1,0 2,3 5,3	8,6	1,0 2,3 3,3	6,6	ca. 7,5
	Theoretische Einzel- und Kleingruppenarbeit	GU EU WU	3,0 1,5 5,35	9,85	3,0 1,5 6,0	10,5	3,0 1,5 1,7	6,2	3,0 1,5 4,7	9,2	3,0 1,5 –	4,5	ca. 8,0
	Experimentelle Einzel- und Kleingruppenarbeit	– EU WU	– 1,2 0,25	1,45	– 1,2 –	1,2	– 1,2 5,3	6,5	– 1,2 –	1,2	– 1,2 6,7	7,9	ca. 3,5
	Zwischensumme			19,0		19,0		19,0		19,0		19,0	19,0
	Endsumme (Gesamtwochenstunden)			43,0		43,0		43,0		43,0		43,0	43,0
	Unterrichtsergänzende Aktivitäten			10,0		10,0		10,0		10,0		10,0	10,0

14. Kommentar zu Tabelle 14:
Lehrerbedarf

14.1. Ausgangspunkt für die Errechnung des Lehrerbedarfs sind die Anzahl der in Tabelle 4 angegebenen Gruppen im Wahlfachunterricht und die in Tabelle 5 ausgewiesenen Wochenstunden für die verschiedenen Lernsituationen des formalisierten Unterrichtes (diese Angaben aus beiden Tabellen sind in Tabelle 14.1 bis 14.3 nochmals aufgeführt).

In Tabelle 14.4 werden die in den Tabellen 14.1—14.3, Spalte 20, ermittelten notwendigen Lehrerstunden nochmals aufgeführt (Spalte 4—6) und in Spalte 7 summiert.
Spalte 8 bzw. 9 gibt an, wie viele Lehrer benötigt werden, um den Bedarf von Spalte 7 zu decken. Spalte 10 weist nach, wie viele Lehrerstunden aufgrund der ermittelten Lehrerzahl vorhanden sind. Spalte 11 enthält den Überschuß an Lehrerstunden (Differenz von Spalte 7 und 10). Spalte 13 summiert diesen Überschuß nach Fachbereichen des Wahlfachunterrichtes.
Die Summen der Lehrerüberschußstunden decken den Bedarf an Lehrerstunden für den Ergänzungsunterricht; die darüber hinaus noch überschüssigen Lehrerstunden (Spalte 17) werden dem Gesamtunterricht angerechnet.

14.2. Das Lehrdeputat ist mit 12,0 h/w angesetzt. Lediglich für Sportunterricht werden 4 der 6 benötigten Diplomsportlehrer als „Trainer" mit 24,0 h/w Lehrdeputat eingesetzt.

14.3. Für den Gesamtunterricht sind Gruppen zu je 45—55 Kollegiaten vorgesehen, die von je 3 Lehrern gemeinsam unterrichtet werden. Im Sportunterricht betreut ein Lehrer 20—28 Kollegiaten (Normalgruppe: 20).

14.4. Die Zuordnung der Lehrer zu den Wahlfachgruppen setzt voraus, daß unbeschadet individueller Spezialisierungen jeder für ein Fach, z. B. Rechtswissenschaft, eingesetzte Lehrer das ganze Fach im Unterricht vertritt.
Die Aufgliederung der universitären Disziplinen in einzelne Lehrgebiete (z. B. öff. Recht, Strafrecht, Zivilrecht etc.) und die faktische Festlegung hochspezialisierter Lehrender auf diese Gebiete wird also für die Lehre der OStK-Lehrer nicht übernommen. Andernfalls würden, abgesehen von den ökonomischen Konsequenzen (es müßte dann die ganze Binnengliederung der akademischen Disziplinen im OStK reproduziert werden), auch die Integrationsprobleme des heutigen akademischen Studiums in das OStK hineingetragen und ihre Bewältigung wiederum fast ausschließlich den Studierenden aufgebürdet werden. In Fächern, die am OStK ohnehin durch mehrere Dozenten vertreten werden, mag es unterschiedliche Schwerpunkte und Spezialisierungen bei ihnen geben, die sich jedoch mehr in der gemeinsamen Curriculumvorbereitung als in der Übernahme spezialisierter Kurse niederschlagen.

Tabelle 14.1: Lehrerbedarf

Art des Unterrichts	Fächer	Anzahl Kollegiaten	Vortrag/Demonstration bis 220 Teilnehmer				Vortrag/Demonstration bis 60 Teilnehmer				Theor. Unterr. m. Binnendiff./Vortrag 28 Teilnehmer				Theor. Unterr. m. Binnendiff./Vortrag 16 Teilnehmer				Summe Lehrer-h/w
			Gruppen-zahl	Gruppen-größe	Gruppen-h/w	Lehrer-h/w	Gruppen-zahl	Gruppen-größe	Gruppen-h/w	Lehrer-h/w	Gruppen-zahl	Gruppen-größe	Gruppen-h/w	Lehrer-h/w	Gruppen-zahl	Gruppen-größe	Gruppen-h/w	Lehrer-h/w	
1	2	3	4	5	6	7	8	9	10	11	12	13	14	15	16	17	18	19	20
Wahlfachunterricht — Sozialwissenschaften	Geschichte	32					1	32	0,5	0,5					1	16	0,5	0,5	0,5
	Kultur-Anthropologie	16													8	14	3,5	0,5	0,5
	Ökonomie	112					1	56	0,5	0,5	4	28	0,5	2,0	4	14	3,5	28,0	30,0
	Pädagogik	56					1	32	0,5	0,5					4	14	3,5	14,0	14,5
	Philosophie	32	1	88	0,5		1	56	0,5	0,5									0,5
	Politik	56	1	84	0,5	0,5									4	14	3,5	14,0	14,5
	Psychologie	88				0,5					4	22	4,0	16,0					16,5
	Rechtswissenschaft	84									4	20	3,75	15,0					15,5
	Soziologie	112									4	28	0,5	2,0	8	14	3,25	26,0	28,0
	Theologie	16													1	16	0,5	0,5	0,5
Wahlfachunterricht — Sprache/Literatur	Arabisch	8													4	13	4,5	18,0	18,5
	Chinesisch	8													4	13	4,5	18,0	18,5
	Deutsch	52													4	10	4,5	18,0	18,5
	Englisch	52					1	52	0,5	0,5					1	16	0,5	0,5	0,5
	Französisch	40					1	52	0,5	0,5					2	12	4,5	9,0	9,5
	Griechisch	16					1	40	0,5	0,5					1	16	0,5	0,5	0,5
	Italienisch	24									1	24	0,5	0,5	1	16	0,5	0,5	0,5
	Lateinisch	16													1	16	0,5	0,5	0,5
	Russisch	16													1	16	0,5	0,5	0,5
	Spanisch	16													1	16	0,5	0,5	0,5

Kategorie	Fach																		
Wahlfachunterricht – Naturwissenschaft	Biologie	112																	2,0
	Chemie	112																	2,0
	Geographie	24																	8,5
	Medizin	112																	22,0
	Physik	104																	2,0
	Technik	52																	2,0
Wahlfachunterricht – Math.	Informatik	52				1	52	1,0	1,0	4	28	0,5	2,0						16,0
	Linguistik	48				1	48	1,0	1,0	4	28	0,5	2,0						17,0
	Mathematik	68								1	24	0,5	0,5						19,0
Wahlfachunterricht – Kst/Spt.	Künste	24								4	28	0,5	2,0	2	12	4,0	8,0		1,0
	Musik	16								4	26	0,5	2,0	8	14	2,5	20,0		1,0
	Sport	24																	1,0
	Summe	1600																	281,5
Ergänzungsunterricht	Politik	800	4	180	0,25	3,0				4	17	4,75	19,0	4	13	0,5	15,0		51,0
	Sprache	800	4	bis	0,25	3,0								4	13	3,75	16,0		59,0
	Naturwissenschaft	800	4	220	0,25	3,0				1	24	1,0	1,0		12	4,0			3,0
	Mathematik	800	4		0,25	3,0								1	16	1,0	1,0		59,0
	Künste	800	4		0,25	3,0				1	24	1,0	1,0						27,0
	Summe																		199,0
Gesamtunterricht	1. Jahr	220	1	220	0,5	1,5	4	55	1,0	32	22-28	1,5	48,0						37,5
	2. Jahr	208	1	208	0,5	1,5	4	52	1,0	32	22-28	1,75	56,0						37,5
	3. Jahr	192	1	192	0,5	1,5	4	48	1,0	32	22-28	1,75	56,0						37,5
	4. Jahr	180	1	180	0,5	1,5	4	45	1,0	32	22-28	0,75	24,0						37,5
	Summe	800																	150,0
Zusatzsport	obl. 1. Jahr	220							12,0	12	18	2,0	24,0	12	16	2,0	24,0		
	frw. 2. Jahr	100							12,0	12	17	2,0	24,0	12	15	2,0	24,0		
	2.–4. Jahr	200							12,0										
	2.–4. Jahr	400							12,0										
	Summe																		
Summe																			630,5

Tabelle 14.2: Lehrerbedarf

Art des Unterrichts	Fächer	Anzahl Kollegiaten	Theor. Unter. m. Binnendiff./Vortrag 8 Teilnehmer				Großübung bis 60 Teilnehmer				Kunst- und Musikunterricht bis 28 Teilnehmer				Sport bis 60 Teilnehmer				Summe Lehrer-h/w
			Gruppen-zahl	Gruppen-größe	Gruppen-h/w	Lehrer-h/w	Gruppen-zahl	Gruppen-größe	Gruppen-h/w	Lehrer-h/w	Gruppen-zahl	Gruppen-größe	Gruppen-h/w	Lehrer-h/w	Gruppen-zahl	Gruppen-größe	Gruppen-h/w	Lehrer-h/w	
1	2	3	4	5	6	7	8	9	10	11	12	13	14	15	16	17	18	19	20
Wahlfachunterricht — Sozialwissenschaften	Geschichte	32	4	8	4,5	18,0													18,0
	Kultur-Anthropologie	16	2	8	4,5	9,0													9,0
	Ökonomie	112					2	56	0,75	4,5									4,5
	Pädagogik	56					1	56	0,5	1,5									1,5
	Philosophie	32	4	8	4,5	18,0													18,0
	Politik	56					1	56	0,75	2,3									2,3
	Psychologie	88																	
	Rechtswissenschaft	84					2	42	0,75	4,5									4,5
	Soziologie	112					2	56	0,75	4,5									4,5
	Theologie	16	2	8	4,5	9,0													9,0
Wahlfachunterricht — Sprache/Literatur	Arabisch	8	1	8	5,0	5,0													5,0
	Chinesisch	8	1	8	5,0	5,0													5,0
	Deutsch	52																	
	Englisch	52																	
	Französisch	40	2	8	4,5	9,0													9,0
	Griechisch	16																	
	Italienisch	24																	
	Lateinisch	16	2	8	4,5	9,0													9,0
	Russisch	16	2	8	4,5	9,0													9,0
	Spanisch	16	2	8	4,5	9,0													9,0

		Std	Wochen	×	Lekt/W	a	b	c	d	e	f	g	h	Total
Wahlfachunterricht	Naturwissenschaft	Biologie	112											
		Chemie	112											
		Geographie	24											
		Medizin	112											
		Physik	104											
		Technik	52											
	Math.	Informatik	52					2	12	4,0	8,0				8,0
		Linguistik	48					2	8	4,0	8,0				8,0
		Mathematik	68												8,0
	Kst/Spt	Künste	24												
		Musik	16									24	4,0	8,0	
		Sport	24												
		Summe	1600									1			141,3
Ergänzungsunterricht		Politik	800	16	45-55	0,25	12,0								12,0
		Sprache	800												
		Naturwissenschaft	800												
		Mathematik	800					32	22-28	1,0	32,0				32,0
		Künste	800												
		Summe	800												44,0
Gesamtunterricht		1. Jahr	220		4	55	0,5	6,0								6,0
		2. Jahr	208		4	52	0,5	6,0								6,0
		3. Jahr	192		4	48	0,5	6,0								6,0
		4. Jahr	180		4	45	0,5	6,0								6,0
		Summe	800												24,0
Zusatzsport		obl. 1. Jahr	220									10	22	2,0	20,0	20,0
		frw. 1. Jahr	100									5	20	2,0	10,0	10,0
		2.–4. Jahr	200									10	20	4,0	40,0	40,0
		2.–4. Jahr	400									20	20	2,0	40,0	40,0
		Summe														110,0
		Summe														319,3

Tabelle 14.3: Lehrerbedarf

Art des Unterrichts	Fächer	Anzahl Kollegiaten	experiment. Unterricht im Grundlabor b. 16 Teilnehmer				experiment. Unterricht im Aufbaulabor b. 16 Teilnehmer				Beobachtungsraum bis 16 Teilnehmer				Rechenraum bis 16 Teilnehmer				Summe Lehrer-h/w
			Gruppen-zahl	Gruppen-größe	Gruppen-h/w	Lehrer-h/w	Gruppen-zahl	Gruppen-größe	Gruppen-h/w	Lehrer-h/w	Gruppen-zahl	Gruppen-größe	Gruppen-h/w	Lehrer-h/w	Gruppen-zahl	Gruppen-größe	Gruppen-h/w	Lehrer-h/w	
1	2	3	4	5	6	7	8	9	10	11	12	13	14	15	16	17	18	19	20
Wahlfachunterricht — Sozialwissenschaften	Geschichte	32													8	14	0,25	2,0	2,0
	Kultur-Anthropologie	116													4	14	0,25	1,0	2,0
	Ökonomie	112																	
	Pädagogik	56									4	14	0,25	1,0	4	14	0,25	1,0	1,0
	Philosophie	32													8	11	0,25	2,0	4,0
	Politik	56																	
	Psychologie	88									8	11	0,25	2,0					
	Rechtswissenschaft	84																	
	Soziologie	112									8	14	0,25	2,0	8	14	0,25	2,0	4,0
	Theologie	16																	
Wahlfachunterricht — Sprache/Literatur	Arabisch	8																	
	Chinesisch	8																	
	Deutsch	52																	
	Englisch	52																	
	Französisch	40																	
	Griechisch	16																	
	Italienisch	24																	
	Lateinisch	16																	
	Russisch	16																	
	Spanisch	16																	

Wahlfachunterricht															
Naturwissenschaften															
Biologie	112	8	14	4,5	36,0	8	14	1,5	12,0						36,0
Chemie	112	8	14	3,0	24,0										36,0
Geographie	24	2	12	0,5	1,0										1,0
Medizin	112	8	14	2,0	16,0										16,0
Physik	104	8	13	4,25	34,0					8	13	0,25	2,0		36,0
Technik	52	4	13	2,75	11,0	4	13	1,5	6,0	4	13	0,25	1,0		18,0
Math.															
Informatik	52									4	13	0,25	1,0		1,0
Linguistik	48														
Mathematik	68									8	9	0,25	2,0		2,0
Kst/Spt.															
Künste	24														
Musik	16														
Sport	24														
Summe	1600														159,0
Ergänzungsunterricht															
Politik	800														
Sprache	800														
Naturwissenschaft	800	52	16	1,25	65,0	52	16	0,5	26,0						91,0
Mathematik	800														
Künste	800														
Summe															91,0
Gesamtunterricht															
1. Jahr	220														
2. Jahr	208														
3. Jahr	192														
4. Jahr	180														
Summe	800														
Zusatzsport															
obl. 1. Jahr	220														
frw. 1. Jahr	100														
2.–4. Jahr	200														
2.–4. Jahr	400														
Summe															
Summe															250,0

Tabelle 14.4: Lehrerbedarf

Art des Unterrichts	Fächer	Anzahl Kollegiaten	Summe Lehrer-h/w			benötigte Lehrer-h/w	Anzahl Lehrer	Anzahl Sportlehrer (Trainer)	Lehrerzahlen aufgrund des Wahlfachunterrichts			Überschuß Lehrer-h/w		Überschußstunden decken Ergänzungs- und Gesamtunterricht					
			Übertrag Tab. 14.1 Sp. 20	Übertrag Tab. 14.2 Sp. 20	Übertrag Tab. 14.3 Sp. 20				vorhandene Lehrer-h/w	Überschuß Lehrer-h/w				vorhandene Lehrer-h/w	Überschuß Lehrer-h/w	nicht verrechenbarer Überschuß		
1	2	3	4	5	6	7	8	9	10	11	12	13	14	15	16	17	18	19	20
Wahlfachunterricht — Sozialwissenschaften	Geschichte	32	0,5	18,0		18,5	2		24	5,5									
	Kultur-Anthropologie	16	0,5	9,0		9,5	2		24	14,5									
	Ökonomie	112	30,0	4,5	2,0	36,5	5		60	23,5									
	Pädagogik	56	14,5	1,5	2,0	18,0	2		24	6,0									
	Philosophie	32	0,5	18,0		18,5	2		24	5,5									
	Politik	56	14,5	2,3	1,0	17,8	2		24	6,2	}	118,7							
	Psychologie	88	16,5		4,0	20,5	3		36	15,5									
	Rechtswissenschaft	84	15,5	4,5		20,0	3		36	16,0									
	Soziologie	112	28,0	4,5	4,0	36,5	5		60	23,5									
	Theologie	16	0,5	9,0		9,5	1		12	2,5									
Wahlfachunterricht — Sprache/Literatur	Arabisch	8		5,0		5,0	1		12	7,0									
	Chinesisch	8		5,0		5,0	1		12	7,0									
	Deutsch	52	18,5			18,5	3		36	17,5									
	Englisch	52	18,5			18,5	3		36	17,5	}	91,0							
	Französisch	40	18,5			18,5	3		36	17,5									
	Griechisch	16	0,5	9,0		9,5	1		12	2,5									
	Italienisch	24	9,5			9,5	1		12	2,5									
	Lateinisch	16	0,5	9,0		9,5	2		24	14,5									
	Russisch	16	0,5	9,0		9,5	1		12	2,5									
	Spanisch	16	0,5	9,0		9,5	1		12	2,5									

Naturwissenschaft	Biologie	112	2,0	36,0	38,0	5	60	22,0			118,7	55,7
	Chemie	112	2,0	36,0	38,0	6	72	34,0	} 142,5	91,0	32,0
	Geographie	24	8,5	1,0	9,5	2	24	14,5		142,5	48,5
	Medizin	112	22,0	16,0	38,0	5	60	22,0		77,0	18,0
	Physik	104	2,0	36,0	38,0	6	72	34,0		78,0	19,0
	Technik	52	2,0	18,0	20,0	3	36	16,0			
Math.	Informatik	52	16,0	1,0	17,0	4	48	31,0	} 77,0		
	Linguistik	48	17,0		17,0	3	36	19,0			
	Mathematik	68	19,0	2,0	21,0	4	48	27,0			
Kst/Spt.	Künste	24	1,0	8,0	9,0	4	48	39,0	78,0		
Wahlfachunterricht	Musik	16	1,0	8,0	9,0	4	48	39,0			
	Sport	24	1,0	8,0	9,0	2	24	15,0	15,0		
	Summe	1600			581,8	92					
Ergänzungs-unterricht	Politik	800	51,0	12,0	63,0					1,0	1,0
	Sprache	800	59,0		59,0						
	Naturwissenschaft	800	3,0	91,0	94,0						
	Mathematik	800	59,0		59,0						
	Künste	800	27,0	32,0	59,0						
	Summe				334,0						
Gesamt-unterricht	1. Jahr	220	37,5	6,0	43,5						
	2. Jahr	208	37,5	6,0	43,5						
	3. Jahr	192	37,5	6,0	43,5						
	4. Jahr	180	37,5	6,0	43,5						
	Summe	800			174,0						
Zusatzsport	obl. 1. Jahr	220		20,0	20,0	0,5	12	-8,0	} -14,0	14,0	0,0
	frw. 1. Jahr	100		10,0	10,0	0,5	12	2,0			
	2.-4. Jahr	200		40,0	40,0	1,5	36	-4,0			
	2.-4. Jahr	400		40,0	40,0	1,5	36	-4,0			
	Summe				110,0	4					
	Summe				1195,8	92					0,2

15. Kommentar zu Tabelle 15:
Generelles Zeitbudget der Lehrer

15.1. Für je 1 Stunde Unterricht sind 1,5 Stunden Vor- und Nachbereitung angesetzt worden. Die Summe dieser Stunden pro Woche ist in Tabelle 15 aufgeteilt auf die Spalten 2, 4 und 9. In Spalte 2 sind zusätzlich 1,0 Stunden pro Woche reine Verwaltungszeit enthalten. Der niedrige Ansatz dafür läßt sich nur realisieren, wenn die vorgesehenen Stellen für Sachbearbeiter, Sekretärinnen und Schreibkräfte besetzt werden können (siehe Tabelle 17).

15.2. Zu Spalte 2: „Einzelarbeit büromäßig"
Hier wird die Arbeit an einem mit Schreibtisch etc. ausgestatteten ständigen Arbeitsplatz, den jeder Lehrer im Kolleg haben sollte, ausgewiesen. Wenn es nicht zu einer Großraumlösung kommt, könnten jeweils mehrere dieser Einzelarbeitsplätze in einem Raum zusammengefaßt werden, der zugleich auch den Besprechungen von Fachlehrerteams dienen könnte.

15.3. Zu Spalte 3: „Curriculumforschung"
Mit „Curriculumforschung" ist hier für die normalen Unterrichtswochen (s. o. 0.2.1.) lediglich die Evaluationsphase der Curriculumforschung gemeint, also die Auswertung des laufenden Unterrichts. Die „produktive" Curriculumforschung (Entwurf neuer Unterrichtseinheiten, Produktion von Material etc.) findet konzentriert in den Intensivphasen (s. o. 0.2.) statt, sofern die betreffenden Lehrer nicht an der Durchführung von Exkursionen, Praktika u. ä. beteiligt sind.

15.4. Zu Spalte 4: „Bibliothek"
Die angesetzten 2,0 h/w enthalten nur Tätigkeiten wie Anlesen, Nachschlagen, Bibliographieren etc.

15.5. Zu den Spalten 5 und 6: „Konferenzen"
Neben den Teambesprechungen am büromäßigen Einzelarbeitsplatz sind zwei Arten von Konferenzen unterschieden worden:
— Fachbereichskonferenzen   (bis 30 Teilnehmer)
— Gesamtkonferenzen   (bis 150 Teilnehmer).
Sie sind hier mit wöchentlichen Durchschnittszahlen ausgewiesen.

15.6. Zu Spalte 11: „Arbeitsergänzende Aktivitäten"
Hierunter fallen: Essen in der Mensa der Universität (mit 4 Stunden pro Woche angesetzt), Benutzung der Cafeteria/informelle Gespräche, Ausruhen, Sport etc. Dies ergibt weitere 4 Stunden unter der Voraussetzung, daß die Kolleglehrer von den Gelegenheiten zu informellem Kontakt mit den Kollegiaten in großem Ausmaß Gebrauch machen. Mit Rücksicht darauf sind für 10 % der Lehrer Plätze in der Cafeteria und im Ruheraum berücksichtigt.

Tabelle 15: Generelles Zeitbudget der Lehrer

0		Anzahl	1 Unterricht	2 Einzelarbeit büromäßig	3 Curriculum- forschung	4 Bibliothek	5 Konferenzen bis 30 Teiln.	6 Konferenzen bis 150 Teiln.	7 Beratung	8 Fachbereichs- verwaltung	9 Einzelarbeit* (experim. Unterr.)	10 Arbeitszeit (Summe Sp. 1-9)	11 Arbeitsergän- zende Aktivitäten	12 Summe h/w in OSIK u. Uni
Sozial- wissenschaften	Fachleiter Lehrer	1 26	10,0 12,0	12,5 16,5	5,0	2,0 2,0	2,0 2,0	2,0 2,0	2,0 2,0	11,0	0,5 R 0,5 R	42,0 42,0	8,0 8,0	50,0 50,0
Sprach- und Literaturwissen- schaften	Fachleiter Lehrer	1 16	10,0 12,0	13,0 17,0	5,0	2,0 2,0	2,0 2,0	2,0 2,0	2,0 2,0	11,0		42,0 42,0	8,0 8,0	50,0 50,0
Naturwissen- schaften	Fachleiter Lehrer	1 26	10,0 12,0	4,0 8,0	5,0	2,0 2,0	2,0 2,0	2,0 2,0	2,0 2,0	11,0	9,0 K 9,0 K	42,0 42,0	8,0 8,0	50,0 50,0
Informatik Linguistik Mathematik	Fachleiter Lehrer	1 10	10,0 12,0	12,5 16,5	5,0	2,0 2,0	2,0 2,0	2,0 2,0	2,0 2,0	11,0	0,5 R 0,5 R	42,0 42,0	8,0 8,0	50,0 50,0
Musik Künste	Fachleiter Lehrer	1 7	10,0 12,0	9,0 13,0	5,0	2,0 2,0	2,0 2,0	2,0 2,0	2,0 2,0	11,0	4,0 K 4,0 K	42,0 42,0	8,0 8,0	50,0 50,0
Sport	Fachleiter Lehrer Trainer	1 1 4	10,0 12,0 24,0	10,0 14,0 5,0		2,0 2,0 2,0	2,0 2,0 2,0	2,0 2,0 2,0	2,0 2,0 1,0	11,0	3,0 S 3,0 S 6,0 S	42,0 42,0 42,0	8,0 8,0 8,0	50,0 50,0 50,0
	Direktor Stellv. Dir. Schulpsych.	1 2 1	2,0 5,0	24,0 25,0 32,0		2,0 2,0	10,0 6,0 6,0	2,0 2,0 2,0	4,0 2,0			42,0 42,0 42,0	8,0 8,0 8,0	50,0 50,0 50,0

* R = Rechenraum   L = Labor   K = Fachräume für Kunst- und Musikunterricht   S = Sporthalle

16. Kommentar zu Tabelle 16:
Summe der Lehrerstunden nach Arbeitssituationen
(ohne formalisierten Unterricht)

Die Daten der Tabelle 16 ergeben sich aus der Multiplikation der in Tabelle 15 aufgeführten Stunden mit der jeweiligen Anzahl der Lehrer der einzelnen Fachbereiche. Dabei ist berücksichtigt:

16.1. Für etwa 30 Lehrer des OStK stehen Arbeitsplätze im Rahmen von Curriculumforschungs-Projekten in der Fakultät für Pädagogik, Philosophie und Psychologie der Universität zur Verfügung. Entsprechend ist angenommen worden, daß die für Curriculumforschung angesetzten Stunden bei 30 Lehrern in der Universität stattfinden, bei den übrigen Lehrern am büromäßigen Einzelarbeitsplatz.

16.2. Die für die Bibliotheksarbeit der Lehrer ausgewiesenen Stunden verteilen sich auf die Bibliothek des OStK und die der einzelnen Fakultäten der Universität (die nach 8.2.4.1. angesetzten 400 h/w Bibliotheksarbeit der Lehrer in den Fakultätsbibliotheken werden ausgenutzt durch ca. 100 h/w der in der Tabelle 16 nachgewiesenen 198 h/w sowie durch private wissenschaftliche Arbeit der Lehrer, die in unserem Budget nicht aufgeführt wird).

Für die Bibliothek des OStK muß also noch mit ca. 100 Lehrer-h/w gerechnet werden.

Tabelle 16: Summe der Lehrerstunden nach Arbeitssituationen
(Ohne formalisierten Unterricht)

		Anzahl	Einzelarbeit (büromäßig) und Curriculumforschung				Bibliothek (OStK+Uni)		Konferenz		Beratung		Fachber. verw.	Unterrichtsvorbereitung Experimenteller Unterricht				
			Anzahl der Teilnehmer	Lehrer-h/w	Summe der Lehrer-h/w OStK	Uni	Lehrer h/w	Summe Lehrer-h/w	30 Tn. Summe Grp.·h/w	220Tn Summe Grp.·h/w	Lehrer h/w	Summe Lehrer-h/w	Summe Lehrer-h/w	Lehrer h/w	Labor	Rechenlabor	Kunst und Musik	Sporthalle
Sozialwissenschaften	Fachleiter	1	1	12,5	12,5		2	2			2	2	11	0,5		0,5		
	Lehrer	26	8	16,5/5	132	40	2	52	2		2	52		0,5		13		
			18	21,5	467													
Sprach- und Literaturwissenschaften	Fachleiter	1	6	13	13		2	2			2	2	11					
	Lehrer	16	10	17/5	102	30	2	32	2		2	32						
				22	220													
Naturwissenschaften	Fachleiter	1	1	4	4		2	2			2	2	11		9			
	Lehrer	26	9	8/5	72	45	2	52	2		2	52		9	234			
			17	13	221													
Informatik Linguistik Mathematik	Fachleiter	1	1	12,5	12,5		2	2		⎫	2	2	11	0,5		0,5		
	Lehrer	10	4	16,5/5	66	20	2	20	2	⎬ 2	2	20		0,5		5,0		
			6	21,5	129													
Musik, Künste	Fachleiter	1	1	9	9		2	2		⎪	2	2	11	4			4	
	Lehrer	7	3	13/5	29	15	2	14	2	⎭	2	14		4			28	
			4	18	72													
Sport	Fachleiter	1	1	10	10		2	2			2	2	11	3				3
	Lehrer	1	1	19	19		2	2			2	2		3				3
	Trainer	4	4	6	24		2	8			1	4		6				24
	Direktor	1	1	28	(28)*						4	(4)*						
	Stellv. Dir.	2	2	27	(54)*		2	4	(10)*		2	(4)*						
	Schulpsych.	1	1	32	(32)*		2	2	(6)*		1							
Summe		100			1614	150		198	12	2		196	66		243	19	32	30

* Nicht in der Endsumme inbegriffen.

17. Kommentar zu Tabelle 17:
Das Personal des OStK

17.1. Berechnung der Lehrerzahl siehe Tabelle 14.

17.2. Zusätzlich zu dem aus dem Lehrangebot resultierenden Lehrerbedarf müssen Lehrer für die zentrale Selbstverwaltung des OStK zur Verfügung stehen. Wenn für weitgehende Entlastung der Lehrer durch Verwaltungs- und Bibliothekspersonal gesorgt wird, müssen hier nur die Stellen des Direktors (ganz) und die zweier stellvertretender Direktoren (teilweise) angesetzt werden.

17.3. Die Einstellung von pädagogischen Assistenten wird, da Aufsichtsprobleme weitgehend entfallen, nicht für sinnvoll angesehen.

17.4. Die Einstellung von Laborassistenten zur Pflege der Geräte erscheint überflüssig: die Kollegiaten sollen dafür selbst verantwortlich sein. Hingegen sind 2 Feinmechaniker für die Reparatur der Laborgeräte unentbehrlich.

17.5. Wenn die Arbeiten des Inventarisierens, Katalogisierens etc. in der Universitätsbibliothek erledigt werden, errechnet sich der Bedarf an Bibliothekaren für das OStK aus: Betreuungs- und Verwaltungsaufgaben während der Öffnungszeiten, Benutzerquote und Bandzahl.

17.6. Schreibkräfte/Sekretärinnen sind berechnet nach dem Schlüssel:
je 1 Sekretärin für die 3 Direktoren und die Verwaltungsabteilung (= 4 Sekretärinnen),
je 1 Schreibkraft für 6 Lehrer (= 16 Schreibkräfte).

Tabelle 17: Das Personal des OStK

Lehrpersonal	Lehrer	92
	Trainer	4
	Schulpsychologe	1
Verwaltungs-personal	Direktor	1
	Stellvertretende Direktoren	2
	Bibliothekspersonal	3
	Sachbearbeiter	5
	Sekretärinnen	4
	Schreibkräfte	16
	Personal Cafeteria	2
Technisches Personal	Hausmeister	1
	Werkstattleiter	1
	Feinmechaniker	2
	Reinigungspersonal	2

18. Kommentar zu Tabelle 18:
Ermittlung der Flächengrößen /
Flächenstandards nach Lern- und Arbeitssituationen

18.1. In Tabelle 18 werden m²-Größen für alle Lern- und Arbeitssituationen des OStK festgelegt. Die sich daraus ergebenden Flächen bzw. Räume werden aufgrund ähnlicher Lern- und Arbeitssituationen in folgende 7 Gruppen zusammengefaßt:
1. Flächen für theoretischen Unterricht mit Binnendifferenzierung, Vortrag, Einzel- und Kleingruppenarbeit
2. Flächen für experimentellen naturwissenschaftlichen Unterricht
3. Flächen für Kunst- und Musikunterricht
4. Flächen für die Bibliothek
5. Flächen für Sport
6. Flächen für unterrichtsergänzende Aktivitäten
7. Flächen für Personal und Verwaltung

18.2. Mit dieser Aufstellung ist noch nichts über die räumliche Zuordnung der einzelnen Flächen oder Bereiche gesagt; die Festlegung der Zuordnung soll Ergebnis der Zusammenarbeit zwischen Architekten und Pädagogen in der Vorentwurfsphase der Bauplanung sein.

Tabelle 18: Ermittlung der Flächengrößen/ Flächenstandards nach Lern- bzw. Arbeitssituationen.

1. Flächen für theoretischen Unterricht mit Binnendifferenzierung, Vortrag, Einzel- und Kleingruppenarbeit.

1.1. Theoretischer Unterricht bis 8 Teilnehmer

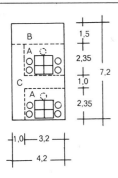

A m² pro Platz
   2,35 x 3,20 = 7,52 : 4   = 1,88

B Interne Unterrichtsnebenfläche
   4,20 x 1,50 = 6,3 : 8   = 0,79

C Interne Differenzierungs- und Zugangsfläche
   1,0 x 3,2
   +1,0 x 5,7 } = 8,9 : 8 = 1,11
                              ─────
                               3,78

Flächenstandard m² pro Platz   3,8

Erläuterung siehe lfd. Nr. 1.3.

1.2. Theoretischer Unterricht bis 16 Teilnehmer

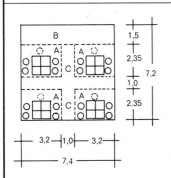

A m² pro Platz
   2,35 x 3,20 = 7,52 : 4   = 1,88

B Interne Unterrichtsnebenfläche
   7,4 x 1,5 = 11,1 : 16   = 0,69

C Interne Differenzierungs- und Zugangsfläche
   1,0x5,70 = 5,7
   1,0x3,2x2 = 6,4 } 12,1:16 = 0,75
                               ─────
                                3,32

Flächenstandard m² pro Platz   3,3

Erläuterung siehe lfd. Nr. 1.3.

1.3. Theoretischer Unterricht bis 28 Teilnehmer

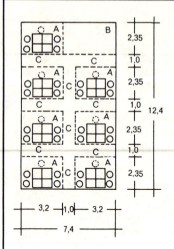

A m² pro Platz
 2,35 x 3,20 = 7,52 : 4   = 1,88

B Interne Unterrichtsnebenfläche
 2,35 x 4,20 = 9,67 : 28   = 0,35

C Interne Differenzierungs- und Zugangsfläche
 1,0 x 10,05 = 10,05
 1,0 x 3,25 = 19,5
                29,55 : 28 = 1,05
                             3,28

Flächenstandard m² pro Platz 3,3

Erläuterung zu 1.1.—1.3.: Hier sind Flächen ausgewiesen für theoretischen Unterricht mit möglicher Binnendifferenzierung. Darunter wird ein Unterricht mit raschem Wechsel zwischen Frontal-, Gruppen- und Einzelunterricht innerhalb derselben Unterrichtseinheit und desselben Raumes verstanden.
Bei dieser Unterrichtsform muß (vergleichbar der Fläche für Planspiele und Projekte, lfd. Nr. 1.4.) neben der Fläche für die Einzelplätze und neben der internen Unterrichtsnebenfläche (Lehrerplatz, Ablagefläche, Unterrichtsmaterialien u. ä.) noch eine interne Differenzierungs- und Zugangsfläche ausgewiesen werden, damit Gruppenarbeit mehrerer Gruppen zur gleichen Zeit im gleichen Raum möglich ist.

1.4. Großübung (Planspiel, Projekte) bis 60 Teilnehmer

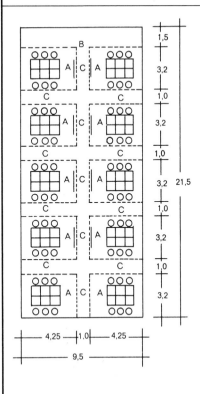

A m² pro Platz
$3{,}20 \times 4{,}25 = 13{,}6 : 6 = 2{,}26$

B Interne Unterrichtsnebenfläche
(s. lfd. Nr. 5)
$1{,}5 \times 9{,}5 = 14{,}25 : 60 = 0{,}24$

C Interne Differenzierungs-
und Zugangsfläche
$1{,}0 \times 4{,}25 \times 8 = 34$
$1{,}0 \times 20 = 20$
$ \overline{54 : 60} = 0{,}9$
$ 3{,}40$

Flächenstandard m² pro Platz   3,4

Auch diese Lernsituation verlangt, ähnlich der von 1.3.—1.4., einen Raum, der mit Hilfe von Stellwänden so unterteilt werden kann, daß wahlweise folgende Aktivitäten möglich sind: Wechsel zwischen Frontal-, Gruppen- und Einzelunterricht, Plenardiskussion etc.
In diesem Raum ist es möglich, für die Dauer eines Projektes oder eines Planspiels aufgebaute Modelle, zusammengestellte Dokumentationen oder ähnliches über längere Zeit hinweg stehen zu lassen.

1.5. Vortrag bis 220 Teilnehmer

Nach Flächenprogramm
Universität Bielefeld
Hörsäle 100—300 Plätze   **Flächenstandard m² pro Platz   1,0**

Vorgesehen für Vorlesung, Filmvorführung und Unterrichtsfernsehen, Demonstration (bes. in Naturwissenschaften, Technik, Medizin), Hearing, Podiumsdiskussion, Theateraufführung, Konzert etc. Der Raum soll mit zwei Veranstaltungen gleichzeitig belegt werden können.

| 1.6. Nebenfläche Vortrag | 105,0 m² |

	Bühne	60,0 m²
	Requisiten	20,0 m²
	Stuhllager	25,0 m²
		105,0 m²

1.7. Einzel- und Kleingruppenarbeit

Nach Flächenprogramm
Universität Bielefeld
Leseplatz mit Ablagefläche

Flächenstandard m² pro Platz   3,0

Diese Fläche ist für Tätigkeiten im nichtformalisierten Unterricht ausgewiesen (Selbststudium, Vor- und Nachbereitung des formalisierten Unterrichts), soweit die Kollegiaten dabei nicht auf hochinstallierte Räume angewiesen sind. Bei der Realisierung könnte hier an eine Großraum-Lösung gedacht werden, wobei sich der Flächenstandard um 20% (bei entsprechender Reduzierung der externen Verkehrsfläche) erhöhen würde.

2. Flächen für experimentellen naturwissenschaftlichen Unterricht

2.1. bis 2.5. Grundlabor Biologie / Chemie / Physik / Technik / Medizin

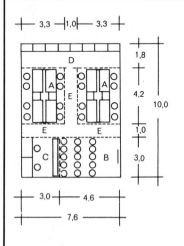

A m² pro Labortischplatz
3,3 x 4,20 = 13,86 : 8   = 1,73

B m² pro theoretische
Unterrichtsfläche
4,60 x 3 = 13,8 : 16   = 0,86

C Lehrerplatz
3,0 x 3,0 = 9,0 : 16   = 0,56

D m² pro Sondermeßfläche
7,60 x 1,80 = 13,68 : 16   = 0,86

E Interne Zugangsfläche
1,0 x 4,2 = 4,2
1,0 x 7,6 = 7,6
                11,8 : 16   = 0,74
                              4,75

Flächenstandard m² pro Platz   4,8

Hinsichtlich der auch in diesen Fachbereichen notwendigen Binnendifferenzierung gilt dasselbe wie für den „theoretischen Unterricht" Gesagte (siehe lfd. Nr. 1.3.). Daraus folgt z. B. für die Labors, daß am Schülerarbeitsplatz sowohl „praktische Arbeit" (einzeln oder in Gruppen) wie „theoretische Arbeit" (Mitschreiben, Auswerten, Lesen, Rechnen) möglich sein müssen. Ferner sollen die Kollegiaten im selben Raum mit dem Lehrer zusammenkommen können zu theoretischen Einführungen in das jeweilige neue Aufgabengebiet, zu Zwischenerklärungen, zur Diskussion von Zwischenergebnissen und zu gemeinsamer Auswertung der experimentellen Einzel- und Gruppenarbeit.

2.6. Aufbaulabor Chemie, bis 16 Teilnehmer

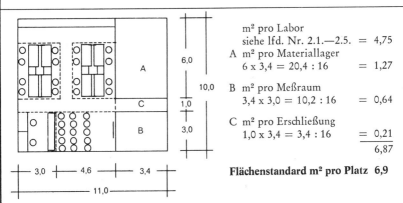

m² pro Labor
siehe lfd. Nr. 2.1.—2.5. = 4,75
A m² pro Materiallager
6 x 3,4 = 20,4 : 16 = 1,27
B m² pro Meßraum
3,4 x 3,0 = 10,2 : 16 = 0,64
C m² pro Erschließung
1,0 x 3,4 = 3,4 : 16 = 0,21
6,87

Flächenstandard m² pro Platz 6,9

Labor für chemische Meß- und Verfahrenstechnik. Laborfläche wie im Grundlabor (s. lfd. Nr. 2.1.—2.5.), dazu Sonderflächen (Meßraum, Materiallager für brennbare Flüssigkeiten und Materialien mit Explosionsschutz).

2.7. Aufbaulabor Technik, bis 16 Teilnehmer

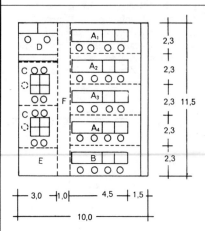

A/B m² pro Labortischplatz
2,3 x 4,5 = 10,35
10,35 x 5 = 51,75 : 16 = 3,24

C m² pro Schreib- bzw. Kleingruppenarbeitsplatz
3,0 x 3,2 = 9,6 : 8 = 1,20

D m² pro Lehrerplatz
3,0 x 3,0 = 9,0 : 16 = 0,56

E m² pro Abstellfläche
11,5 x 1,5 = 17,25
3,0 x 2,1 = 6,30
23,55 : 16 = 1,47

F m² pro Erschließung
1,0 x 11,5 = 11,5 : 16 = 0,71
                              7,18

Flächenstandard m² pro Platz   7,2

A 1 = Analogmeßplatz (pneumatisch)
A 2 = Analogmeßplatz (elektrisch)
A 3 = Verfahrenstechnik
A 4 = Motoren- und Energieumwandlungsmeßplatz
B   = Platz für wechselnden Aufbau

2.8. Technische Werkstatt, bis 28 Teilnehmer

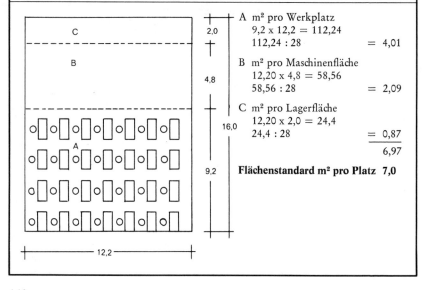

A m² pro Werkplatz
9,2 x 12,2 = 112,24
112,24 : 28 = 4,01

B m² pro Maschinenfläche
12,20 x 4,8 = 58,56
58,56 : 28 = 2,09

C m² pro Lagerfläche
12,20 x 2,0 = 24,4
24,4 : 28 = 0,87
                6,97

Flächenstandard m² pro Platz   7,0

Zur Instandhaltung von Laborgeräten und deren konstruktiver Verbesserung, zum Neubau von Geräten im Kleinmaßstab, zur Einweisung der Kollegiaten in Fertigungsvorgänge und in den Umgang mit Maschinen.

2.9. Rechenlabor, bis 16 Teilnehmer

Nach Flächenprogramm
Universität Bielefeld
Leseplatz mit Ablagefläche

Flächenstandard m² pro Platz   3,0

Für formalisierten und nichtformalisierten Unterricht in einzelnen Sozialwissenschaften (Ökonomie, Pädagogik, Politologie, Psychologie, Soziologie), Naturwissenschaften (Physik, Technik) und Mathematik. Die Fläche ist gedacht für eine Gruppe von 16 Teilnehmern (8 Rechner, 8 Schreib- und Kontrollplätze). Erhöhung des Standards um 20 % bei gleichzeitiger Reduzierung der externen Verkehrsfläche.

2.10. Raum für programmierte Prüfverfahren, bis 16 Teilnehmer

Flächenstandard m² pro Platz   3,0
(siehe lfd. Nr. 2.9.)

Im Labor für programmierte Prüfverfahren werden Testprogramme erarbeitet (Einzelarbeit oder Gruppenarbeit der Lehrer), Tests auf ihre Wirkung überprüft (Schülergruppe mit beobachtenden Lehrern) und Tests von Schülern an fertigen Programmen im check-yourself-System vorgenommen. Vorgesehen sind 16 gleichartig eingerichtete Plätze.

2.11. Naturwissenschaftliche Sammlung   180,0 m²

Pro Labor-Doppelarbeitsplatz wird ausgewiesen:

1 Sammlungsschrank	1,0 x 0,6 =	0,6 m²
Zugangsfläche	1,0 x 0,9 =	0,9 m²
		1,5 m²

Bei 15 Labors mit je 8 Doppelarbeitsplätzen:

$$1,5 \text{ m}^2 \times 120 = 180,0 \text{ m}^2$$

3. Flächen für Kunst- und Musikunterricht

3.1. Theoretischer Unterrichtsraum für Kunst und Musik, 28 Teilnehmer

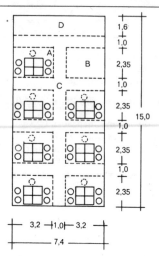

A m² pro Platz
 2,35 x 3,20 = 7,52 : 4 = 1,88
B Interne Unterrichtsnebenfläche
 2,35 x 3,20 = 7,52 : 28 = 0,27
C Interne Differenzierungs- und Zugangsfläche
 1,0 x 3,2 x 8,0 = 25,6
 1,0 x 13,6 = 13,6
  39,2 : 28 = 1,40
D Sonderfläche
 1,6 x 7,4 = 11,84 : 28 = 0,41
  3,96

Flächenstandard m² pro Platz   4,0

Auf dieser Fläche findet der theoretische Unterricht für Kunst und Musik statt. Eine zusätzliche Sonderfläche ist ausgewiesen (z. B. für Instrumentalgruppe, Film- und Toninstallation).

3.2. Zeichenraum, bis 28 Teilnehmer

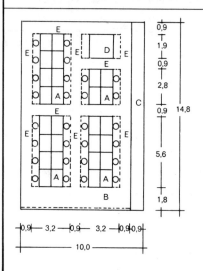

A m² pro Arbeitsplatz
 3,2 x 5,6 = 17,92 : 8 = 2,24
B m² pro „Aktionswand"
 9,1 x 1,8 = 16,38 : 28 = 0,59
C m² pro Ablage, Materiallager
 14,8 x 0,9 = 13,32 : 28 = 0,48
D m² pro Lehrervorbereitung
 3,2 x 1,9 = 6,08 : 28 = 0,21
E m² pro Zugangsfläche
 5,6 x 0,9 = 5,0 x 6 = 30,2
 9,1 x 0,9 = 8,2 x 2 = 16,4
 3,2 x 0,9 = 2,9
  49,5
 49,5 : 28 = 1,77
  5,28

Flächenstandard m² pro Platz   5,3

Der Zeichenraum ist vorwiegend für manuelle Tätigkeiten gedacht, die wenig Schmutz (Staub, Feuchtigkeit) und Lärm verursachen, z. B. also für Zeichen-, Mal-, Papier- und Stoffarbeiten.
Neben einer freien Wand mit entsprechend vorgelagertem freien Raum für Aktionen, Demonstrationen, Darstellungen jeglicher Art müssen großflächige Ablage- und Materiallagerflächen zur Verfügung stehen.

3.3. Werkraum, bis 28 Teilnehmer

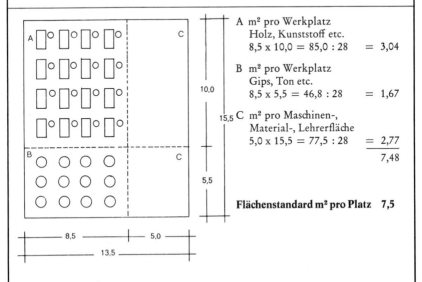

A m² pro Werkplatz
Holz, Kunststoff etc.
8,5 x 10,0 = 85,0 : 28 = 3,04

B m² pro Werkplatz
Gips, Ton etc.
8,5 x 5,5 = 46,8 : 28 = 1,67

C m² pro Maschinen-, Material-, Lehrerfläche
5,0 x 15,5 = 77,5 : 28 = 2,77
                        ─────
                         7,48

Flächenstandard m² pro Platz   7,5

Der Werkraum ist ebenso wie der Zeichenraum (lfd. Nr. 3.2.) für manuelle Tätigkeiten ausgewiesen, vorwiegend jedoch für solche, die Lärm (Maschinen!) und Schmutz verursachen. Der Werkraum ist unterteilbar in eine „Naßschmutzzone" (Ton, Gips) und eine „Trockenschmutzzone" (Holz- und Kunststoffstaub). Zusätzlich zu den reinen Arbeitsplätzen ist eine Spezialfläche für Maschinen, Brennöfen u. a. ausgewiesen neben Materiallager- und Abstellflächen.

3.4. Ton/Film-Studio, bis 6 Teilnehmer	48,0 m²
Aufnahme	12,0 m²
Schneiden	12,0 m²
Kopieren	24,0 m²
	48,0 m²
3.5. Fotolabor, 2 Teilnehmer	6,0 m²

3.6. Druckerei, 7 Teilnehmer 60,0 m²

Mit einfacher Grundausstattung für Schwarz- und Farbdrucke in verschiedenen Druckverfahren zum Herstellen von Unterrichtsmaterial in allen Fächern und Fachbereichen; für Projekte im Rahmen der unterrichtsergänzenden Aktivitäten (Schülerpolitik, Informationsmaterial und dergl.); für Projektunterricht im Rahmen des Gesamtunterrichts und im Ergänzungsunterricht.

3.7. Musikübung, einzeln 6,0 m²

3.8. Musikübung, in Gruppen bis zu 6 Teilnehmern 20,0 m²

3.9. Hörkabinen, 4 Teilnehmer 12,0 m²

Zum Anhören von Schallplatten und Tonbändern. Die Fläche muß ausreichend groß sein, um Stereoeffekte wirksam werden zu lassen.

3.10. Instrumenten- und Notenlager 20,0 m²

3.11. Projektfläche 80,0 m²

Die Projektfläche ist für zweierlei Nutzungen vorgesehen:
— einmal unterrichtsbezogen für längerfristige Projekte (Kunst, Musik, Theater)
— zum andern sollte sie den Kollegiaten als Fläche zu beliebiger Nutzung und Ausstattung zu Verfügung stehen. Die häufig begrenzten Möglichkeiten im Elternhaus, die u. a. zu Einrichtungen wie „Haus der offenen Tür" geführt haben, sollten hier durch ein Angebot der (Ganztags-)Schule erweitert werden.

4. Flächen für die Bibliothek

4.1.
4.2. Leseplätze, Schreibmaschinenplätze

+1,5+

Nach Flächenprogramm
Universität Bielefeld
Leseplatz ohne Ablagefläche

Flächenstandard m² pro Platz   **2,3**

Erhöhung des Standards um 20 % bei gleichzeitiger Reduzierung der externen Verkehrsfläche.

4.3. Stellfläche Bibliothek — 324,0 m²

Die Bibliothek des OStK ist Teil der Universitätsbibliothek und auch dort katalogisiert. Sie muß sich aber an zentraler Stelle im OStK befinden, um während des Unterrichts und während der Unterrichtsvorbereitung für Lehrer und Schüler zugänglich zu sein. Eine Zusammenlegung mit der Universitätsbibliothek wäre mit der Unterrichtskonzeption nicht vereinbar.

Die Größe der Bibliothek wurde geschätzt aufgrund einer Umfrage bei Universitätsfakultäten, Pädagogischen Hochschulen und Kollegs zur Erlangung der Hochschulreife. Dabei ergab sich (umgerechnet auf die 32 Wahlfächer des OStK) ein vorläufiger Endbestand von 45 000 Bänden. Als Reserve für Neuauflagen und im Hinblick auf einen etwaigen späteren Ausbau der Bibliothek wurden 20 % Erhöhung der Bandzahl veranschlagt. Damit ergibt sich eine Bandzahl von ca. 55 000.

Im Flächenprogramm der Universität Bielefeld sind 5,9 m² für je 1000 Bände ausgewiesen:
5,9 x 55 = 324,0 m²

4.4. Mediothek — 40,0 m²

Zur zentralen Aufbewahrung von audiovisuellen Lehr- und Lernmaterialien (Filme, Dias, Bänder, Kassetten, „Kits" etc.), die bei der Entwicklung neuer Curricula immer mehr Raum beanspruchen werden.

4.5. Zeitschriftensammlung — 20,0 m²

4.6. Katalog — 16,0 m²

Wie in jeder Fakultätsbibliothek der Universität Bielefeld steht auch in der Bibliothek des OStK der Gesamtkatalog der Universität.

4.7. Vervielfältigung — 10,0 m²

4.8. Bibliothekspersonal

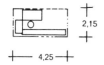

Nach Flächenprogramm
Universität Bielefeld
Büromäßiger Arbeitsplatz
mit Ablagefläche

Flächenstandard m² pro Platz 9,1

| 5. Flächen für Sport | |

Allen unter 5.1.—5.4. angegebenen Flächen liegen die Werte der DIN 18 032 zugrunde.

| 5.1. Sporthalle | 1215,0 m² |

Die 27 m x 45 m große Halle ist teilbar in drei gleichzeitig zu belegende Teilflächen von 27 m x 15 m.

| 5.2. Nebenflächen Sporthalle | 294,0 m² |

Gerätelager	84,0 m²
6 Umkleideräume à 20,0 m²	120,0 m²
3 Duschräume à 30,0 m²	90,0 m²
	294,0 m²

| 5.3. Gymnastikhalle (15,0 m x 15,0 m) | 225,0 m² |

| 5.4. Nebenflächen Gymnastikhalle | 80,0 m² |

Kleingerätelager	10,0 m²
2 Umkleideräume à 20,0 m²	40,0 m²
1 Duschraum	30,0 m²
	80,0 m²

| 6. Flächen für unterrichtsergänzende Aktivitäten |

| 6.1. Konferenzraum, bis 30 Teilnehmer |

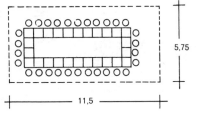

Nach Flächenprogramm
Universität Bielefeld
Büromäßige Gruppen-Arbeitsplätze
Gruppengröße 20—40

Flächenstandard m² pro Platz   2,2

Es sind drei verschiedene Nutzungsarten vorgesehen:
— Konferenzen der Fachbereiche und der Kollegiatenvertretung (Gesamtkonferenzen finden in dem unter 1.5. aufgeführten Vortragsraum statt);
— nach den Erfahrungen an anderen Modellschulen ist mit durchschnittlich einer Besuchergruppe täglich zu rechnen, der ein Raum zur Einführung und abschließenden Diskussion zu Verfügung stehen soll;
— für Studentengruppen der lehrerausbildenden Fakultäten, die im Rahmen ihres Pädagogikstudiums Unterrichtsbeobachtungen am OStK durchführen sollen.

6.2. Beratung

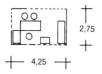

Nach Flächenprogramm
Universität Bielefeld
Büromäßiger Arbeitsplatz
mit 2 Besprechungsplätzen

Flächenstandard m² pro Platz   11,7

Für die individuelle Beratung der Kollegiaten durch Kolleglehrer (ein Schullaufbahnberater ist für das OStK nicht vorgesehen) und für Lehrer-, Eltern-, Einzelgespräche.

6.3. Kollegiatenvertretung   24,0 m²

Für Mitbestimmungs- und Selbstverwaltungsaufgaben verfügen die Kollegiaten über eine Bürofläche.

6.4. Elternvertretung

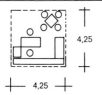

Nach Flächenprogramm
Universität Bielefeld
Büromäßiger Arbeitsplatz
mit 5 Besprechungsplätzen

Flächenstandard m² pro Platz   18,1

Zur Sicherung einer kontinuierlichen Zusammenarbeit mit den Eltern.

6.5. Cafeteria

Flächenstandard nach „Beiträge zur Bedarfsbemessung wissenschaftlicher Hochschulen", Bd. 17, Zentralarchiv Stuttgart (4.313 : 1,7 m² + 15 % = 2,0 m²)

Flächenstandard m² pro Platz   2,0

6.6. Ruhefläche 80,0 m²

Ein Angebot von 25—30 Ruheplätzen, deren Benutzung außer der Mittagsstunde auch während anderer Unterrichtspausen wahrscheinlich ist, scheint bei einer Gesamtzahl von 800 Kollegiaten und ca. 100 Lehrern erforderlich zu sein.
Da das OStK als Ganztagsschule konzipiert ist, muß eine Zone absoluter Ruhe zur Entspannung vorgesehen werden.

7. Flächen für Personal und Verwaltung

7.1. Lehrerarbeitsplätze

Nach Flächenprogramm
Universität Bielefeld
Büromäßiger Arbeitsplatz

Flächenstandard m² pro Platz   6,4

Jeder Lehrer des OStK sollte einen eigenen ständigen Arbeitsplatz haben. An ihm wird der in Forschung und Lehre tätige Lehrer einer Ganztagsschule den überwiegenden Teil seiner Unterrichtsvorbereitung, der Curriculum-Forschung und -Evaluation vornehmen.
Die vorgesehene Fläche ist angesichts dieser Aufgaben größer, als es dem Schulstandard von ca. 4,0 m² pro Platz entspricht; andererseits ist sie erheblich kleiner als die eines Wissenschaftlers mit 18,6 m² (Flächenprogramm Universität Bielefeld). Erhöhung des Standards um 20 % bei gleichzeitiger Reduktion der externen Verkehrsfläche.

7.2. 7.3. Schulpsychologe / Direktorat

(Zeichnung s. lfd. Nr. 6.4.)

Nach Flächenprogramm
Universität Bielefeld
Büromäßiger Arbeitsplatz
mit 5 Besprechungsplätzen

Flächenstandard m² pro Platz   18,1

7.4. Fachbereichsverwaltung

(Zeichnung s. lfd. Nr. 6.2.)

Nach Flächenprogramm
Universität Bielefeld
Büromäßiger Arbeitsplatz
mit 2 Besprechungsplätzen

Flächenstandard m² pro Platz   11,7

Für die Verwaltung der sechs Bereiche Sozialwissenschaften, Sprach- und Literaturwissenschaften, Naturwissenschaften, Mathematik, Künste, Sport.

7.5. Sachbearbeiter / Sekretärinnen
7.6.

(Zeichnung s. lfd. Nr. 6.2.)   Nach Flächenprogramm
 Universität Bielefeld
 Büromäßiger Arbeitsplatz
 mit 2 Besprechungsplätzen

Flächenstandard m² pro Platz   11,7

7.7. Schreibkräfte / Technisches Personal
7.8.

(Zeichnung s. lfd. Nr. 4.8.)   Nach Flächenprogramm
 Universität Bielefeld
 Büromäßiger Arbeitsplatz
 mit Ablagefläche

Flächenstandard m² pro Platz   9,1

7.9. Hausmeister

(Zeichnung s. lfd. Nr. 6.2.)   Nach Flächenprogramm
 Universität Bielefeld
 Büromäßiger Arbeitsplatz
 mit 2 Besprechungsplätzen

Flächenstandard m² pro Platz   11,7

7.10. Reinigungspersonal   18,0 m²

7.11. Archive   50,5 m²

Forschungsarchiv   30,0 m²
Verwaltungsarchiv   20,0 m²
U. a. zur Dokumentation der Curriculum-Arbeiten, der Evaluationsergebnisse und Begleituntersuchungen.

7.12. Lager- und Abstellflächen   60,0 m²

Für Werkstattersatzteile, Möbel u. ä.

7.13. Putzmittellager   12,0 m²

7.14. Krankenzimmer   18,0 m²

| 7.15. Hausmeisterwohnung | 100,0 m² |

Schließfächer

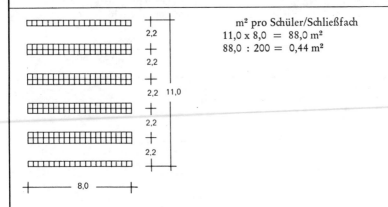

m² pro Schüler/Schließfach
11,0 x 8,0 = 88,0 m²
88,0 : 200 = 0,44 m²

Da es im OStK keine festen Stammplätze gibt, ist für jeden Kollegiaten ein Schließfach (40 x 40 x 180 cm) in der Nähe der für Einzel- und Kleingruppenarbeit ausgewiesenen Fläche für Garderobe, Bücher, Tasche etc. vorgesehen.
Die sich insgesamt ergebende Fläche von 0,44 x 800 = 352,0 m² wird in der Auflistung der Flächen (Tabelle 19) nicht berücksichtigt, da die Schließfächer innerhalb der pauschal ausgewiesenen Verkehrs- bzw. Nebenfläche liegen können.

19. Kommentar zu Tabelle 19:
Ermittlung der Programmfläche

19.1. In Tabelle 19 wird die Anzahl der in Tabelle 18 aufgeführten einzelnen Flächeneinheiten ermittelt, d. h., die Gesamtfläche pro Flächeneinheit wird bestimmt. Die Addition dieser Gesamtflächen ergibt die Programmfläche, unberücksichtigt bleiben also Hauptverkehrs- und Nebenflächen.

19.2. In Spalte 1—3 sind die einzelnen Flächeneinheiten in der Reihenfolge von Tabelle 18 aufgelistet.
Spalte 4 gibt an, für welche Art von Nutzung die betreffende Fläche vorgesehen ist.

19.3. In Spalte 5 und 6 ist diese Nutzung zeitlich aufgeschlüsselt. Spalte 5 enthält dabei die Summe aller Einzelstunden, Spalte 6 die Summe aller Gruppenstunden.
Die Werte der Spalten 5 und 6 enthalten Ergebnisse aller vorangegangenen Tabellen. Insbesondere sind für die einzelnen Flächeneinheiten folgende Tabellen und Kommentare als Nachweis zu nennen:

für lfd. Nr. 1.1.—1.4.:	Tabelle 6.1., 6.2., Kommentar 6.3.
für lfd. Nr. 1.5.:	Tabelle 6.1., Kommentar 6.4., Kommentar 12.2.1., Tabelle 16
für lfd. Nr. 1.7.:	Tabelle 8, Kommentar 8.2.4.2.
für lfd. Nr. 2.1.—2.7.:	Tabelle 9, Kommentar 9.3.
für lfd. Nr. 2.8.:	Tabelle 8, Tabelle 10
für lfd. Nr. 2.9.:	Tabelle 6.3., Tabelle 8, Tabelle 10
für lfd. Nr. 3.1.—3.11.:	Tabelle 10
für lfd. Nr. 4.1.:	Tabelle 8, Kommentar 8.2.4.1., Tabelle 16, Kommentar 16.2.
für lfd. Nr. 4.2.:	Kommentar 8.2.4.1.
für lfd. Nr. 5.1.:	Kommentar 11.1.—11.4.
für lfd. Nr. 5.3.:	Kommentar 11.2.
für lfd. Nr. 6.1.:	Tabelle 16, Tabelle 18, lfd. Nr. 6.1.
für lfd. Nr. 6.2.:	Tabelle 16
für lfd. Nr. 6.3.:	Kommentar 12.2.1.
für lfd. Nr. 6.5.—6.6.:	Tabelle 12, Kommentar 15.6.

19.4. Spalte 7 gibt an, mit welcher durchschnittlichen zeitlichen Nutzung (h/w) die jeweilige Fläche in Anspruch genommen werden kann.
Der Ansatz für die durchschnittliche zeitliche Nutzung geht davon aus, daß der formalisierte Unterricht von 9.00 bis 18.00 Uhr stattfindet (nur in Ausnahmen bis 20.00 Uhr).

Daraus ergibt sich folgende Berechnung:
9.00 bis 18.00 Uhr = 9 h/d x 5 = 45 h/w
45 h/w entsprechen einer 100%igen Nutzung. Aus stundenplantechnischen Gründen kann aber nur mit 80% Auslastung der Räume (d.h. mit 35 h/w) gerechnet werden.
Für Flächen, die teilweise oder ganz durch nichtformalisierte Unterrichtsaktivitäten beansprucht werden (z.B. Einzel- und Kleingruppenarbeit der Kollegiaten), und für Flächen, bei denen mit längerer Umrüstzeit gerechnet werden muß, ist eine durchschnittliche zeitliche Nutzung von 28 h/w (Labors) bzw. 30 h/w (Kunst und Musik) angesetzt worden.

19.5. Die Anzahl der Flächeneinheiten (Spalte 8) erhält man durch Division des Nutzungsbedarfs (Spalte 6) durch die mögliche durchschnittliche Nutzung der betreffenden Flächeneinheit (Spalte 7).

19.6. Die Werte in Spalte 9 stellen die Differenz dar zwischen den Werten von Spalte 6 und dem Produkt der Werte von Spalte 7 und 8. Die freie Kapazität gibt somit an, mit wieviel h/w die jeweilige Gesamtfläche (Spalte 13) über- bzw. unterbelegt ist. Zu berücksichtigen ist dabei, daß in der Regel ein Nutzungsausgleich zwischen unter- und überbelegten Flächen stattfinden kann.

19.7. Spalte 10 gibt an, mit wieviel Arbeitsplätzen jede Flächeneinheit ausgelegt ist. Diese Festlegung wurde in Tabelle 18 getroffen.
Ausnahmen bilden die Einzel- und Kleingruppenarbeitsplätze der Kollegiaten (lfd. Nr. 1.7.) sowie die Lese- und Schreibmaschinenplätze (lfd. Nr. 4.1. und 4.2.). Sie wurden ermittelt durch Division der Werte von Spalte 5 durch die der Spalte 7.

19.8. Spalte 11: Ermittlung der Flächenstandards siehe Tabelle 18. Wo es möglich schien, wurden Flächenstandards des Flächenprogramms der Universität Bielefeld übernommen. Die Größe einer Flächeneinheit (Spalte 12) geht aus der Multiplikation des Flächenstandards mit der Platzzahl (Spalte 10) bzw. aus Tabelle 18 hervor.
Die Größe der jeweiligen Flächeneinheiten multipliziert mit ihrer Anzahl ergibt die Gesamtfläche pro Flächeneinheit (Spalte 12 x Spalte 8 = Spalte 13).

19.9. Die Summe aller Gesamtflächen ergibt die Programmfläche.

Tabelle 19.1: Ermittlung der Programmfläche

1	2	3	4	5	6	7	8	9	10	11	12	13
			FU NFU UEA siehe Anmerkung	Summe Einzel-h/w	Summe Gruppen-h/w	durchschnittliche Nutzung h/w	Anzahl der Flächeneinheiten	freie Kapazität h/w	Anzahl der Plätze pro Flächeneinheit	Flächenstandard m²/Platz	Größe der Flächeneinheit m²	Gesamtfläche m²
1. Flächen für theoretischen Unterricht mit Binnendifferenzierung, Vortrag, Einzel- und Kleingruppenarbeit	1.1	Theoretischer Unterricht bis 8 Teilnehmer	FU		100	35	3	− 5	8	3,8	30,4	91
	1.2	Theoretischer Unterricht bis 16 Teilnehmer	FU UEA		248 6	35	7	− 9	16	3,3	52,8	370
	1.3	Theoretischer Unterricht bis 28 Teilnehmer	FU UEA		280 17	35	8	−17	28	3,3	92,4	739
	1.4	Großübung	FU		18	35	1	+17	60	3,4	204,0	204
	1.5	Vortrag	FU UEA Lehrer		29,5 4,0 2,0	35	1	− 1	220	1,0	220,0	220
	1.6	Nebenfläche Vortrag					1				105,0	105
	1.7	Einzel- und Kleingruppenarbeit	NFU	4401		30	1	0	147	3,0	441,0	441
		SUMME 1										2170
2. Flächen für experimentellen naturwissenschaftlichen Unterricht	2.1	Grundlabor Technik	FU NFU		26 15	28	2	+15	16	4,8	76,8	154
	2.2	Grundlabor Biologie	FU NFU		35 28	28	2	− 7	16	4,8	76,8	154
	2.3	Grundlabor Chemie	FU NFU		47 33	28	3	+ 4	16	4,8	76,8	230
	2.4	Grundlabor Physik	FU NFU		52 36	28	3	− 4	16	4,8	76,8	230
	2.5	Grundlabor Medizin	FU NFU		27 23	28	2	− 6	16	4,8	76,8	154
	2.6	Aufbaulabor Chemie	FU NFU		25 21	28	2	+10	16	6,9	110,4	221
	2.7	Aufbaulabor Technik	FU NFU		19 11	28	1	− 2	16	7,2	115,2	115
	2.8	Technische Werkstatt	NFU Kunst	78 : 20	= 4 26	28	1	− 2	28	7,0	196,0	196
	2.9	Rechenlabor	FU NFU Lehrer	175 : 12 19 : 12	14 =15 = 2	28	1	− 3	16	3,0	48,0	48
	2.10	Raum für programmierte Prüfverfahren					1		16	3,0	48,0	48
	2.11	Naturwissenschaftliche Sammlung									180,0	180
		SUMME 2										1730

FU   Formalisierter Unterricht
NFU Nichtformalisierter Unterricht
UEA Unterrichtsergänzende Aktivitäten

Tabelle 19.2: Ermittlung der Programmfläche

1	2	3	4	5	6	7	8	9	10	11	12	13
			FU NFU UEA siehe Anmerkung 19.1	Summe Einzel-h/w	Summe Gruppen-h/w	durchschnittliche Nutzung h/w	Anzahl der Flächeneinheiten	freie Kapazität h/w	Anzahl der Plätze pro Flächeneinheit	Flächenstandard m²/Platz	Größe der Flächeneinheit m²	Gesamtfläche m²
3. Flächen für Kunst- und Musikunterricht	3.1	Theoretischer Unterrichtsraum für Kunst und Musik	FU NFU UEA		52	30	2	+ 8	28	4,0	112,0	224
	3.2	Zeichenraum	FU NFU UEA		31	30	1	− 1	28	5,3	148,0	148
	3.3	Werkraum	FU NFU UEA		31	30	1	− 1	28	7,5	210,0	210
	3.4	Ton/Film-Studio	FU NFU UEA		36	30	1	− 6	6		48,0	48
	3.5	Fotolabor	NFU UEA		94	30	3	− 4	2		6,0	18
	3.6	Druckerei	NFU UEA		31	30	1	− 1	7		60,0	60
	3.7	Musikübung, einzeln	NFU UEA	310		30	11	+20	1		6,0	66
	3.8	Musikübung, in Gruppen	NFU UEA		76	30	3	+14	6		20,0	60
	3.9	Hörkabine	NFU UEA		80	30	3	+10	4		12,0	36
	3.10	Instrumenten- und Notenlager					1				20,0	20
	3.11	Projektfläche	FU NFU UEA		32	30	1	− 2	28		80,0	80
		SUMME 3										970
4. Flächen für die Bibliothek	4.1	Leseplätze	NFU Lehrer	3059 100		30	1	0	106	2,3	243,8	244
	4.2	Schreibmaschinenplätze	NFU	429		30	1	0	15	2,3	34,5	35
	4.3	Stellfläche					1				324,0	324
	4.4	Mediothek					1				40,0	40
	4.5	Zeitschriftensammlung					1				20,0	20
	4.6	Katalog					1				16,0	16
	4.7	Vervielfältigung					1				10,0	10
	4.8	Bibliothekspersonal					1		3	9,1	18,3	18
		SUMME 4										707

Tabelle 19.3: Ermittlung der Programmfläche

1	2	3	4	5	6	7	8	9	10	11	12	13
			FU NFU UEA siehe Anmerkung 19.1	Summe Einzel-h/w	Summe Gruppen-h/w	durchschnittliche Nutzung h/w	Anzahl der Flächeneinheiten	freie Kapazität h/w	Anzahl der Plätze pro Flächeneinheit	Flächenstandard m²/Platz	Größe der Flächeneinheit m²	Gesamtfläche m²
5. Flächen für Sport	5.1	Sporthalle	FU Laborschule		25 20	40	1	− 5	60-80		215,0	1215
	5.2	Nebenfläche Sporthalle					1				294,0	294
	5.3	Gymnastikhalle	FU Laborschule		30 12	40	1	− 2	20-30		225,0	225
	5.4	Nebenfläche Gymnastikhalle					1				80,0	80
		SUMME 5										1814
6. Flächen für unterrichtsergänzende Aktivitäten	6.1	Konferenz			36	30	1	− 6	30	2,2	66,0	66
	6.2	Beratung	Lehrer	196		30	7	+14	1	11,7	11,7	82
	6.3	Kollegiatenvertretung	UEA				1				24,0	24
	6.4	Elternvertretung					1			18,1	18,1	18
	6.5	Cafeteria	UEA Lehrer				1		94 10	2,0	208,0	208
	6.6	Ruhefläche	UEA Lehrer				1		16 10		80,0	80
		SUMME 6										478
7. Flächen für Personal und Verwaltung	7.1	Lehrerarbeitsplätze					1		92	6,4	588,8	589
	7.2	Schulpsychologe					1		1	18,1	18,1	18
	7.3	Direktorat					3		1	18,1	18,1	54
	7.4	Fachbereichsverwaltung					6		1	11,7	11,7	70
	7.5	Sachbearbeiter					5		1	11,7	11,7	59
	7.6	Sekretärinnen					4		1	11,7	11,7	47
	7.7	Schreibkräfte					1		16	9,1	145,6	146
	7.8	Technisches Personal					1		3	9,1	27,3	27
	7.9	Hausmeister					1		1	11,7	11,7	12

Tabelle 19.4: Ermittlung der Programmfläche

1	2	3	4	5	6	7	8	9	10	11	12	13
			FU NFU UEA siehe Anmerkung 19.1	Summe Einzel-h/w	Summe Gruppen-h/w	durchschnittliche Nutzung h/w	Anzahl der Flächeneinheiten	freie Kapazität h/w	Anzahl der Plätze pro Flächeneinheit	Flächenstandard m²/Platz	Größe der Flächeneinheit m²	Gesamtfläche m²
	7.10	Reinigungspersonal					1				18,0	18
	7.11	Archiv					1				50,0	50
	7.12	Lager- und Abstellflächen					1				60,0	60
	7.13	Putzmittellager					1				12,0	12
	7.14	Krankenzimmer					1				18,0	18
	7.15	Hausmeisterwohnung					1				100,0	100
		SUMME 7										1280

Summe 1–7:

1. Theoretischer Unterricht   2170 m²

2. Experimenteller Unterricht   1730 m²

3. Kunst- und Musikunterricht   970 m²

4. Bibliothek   707 m²

5. Sport   1814 m²

6. Unterrichtsergänzende Aktivitäten   478 m²

7. Personal und Verwaltung   1280 m²

Programmfläche   9149 m²

20. Freiflächen:

20.1. *Unterrichtsfreiflächen*
Dem Zeichen- und Werkraum sollte eine Freifläche vorgelagert sein (ca. 250 m²). Der Werkstatt soll ein Autoreparaturplatz angeschlossen sein. Direkte Anlieferung für die Werkstatt (LKW) muß vorgesehen werden (ca. 250 m²).

20.2. *Erholungs- und Spielflächen*
Pausenfläche (ca. 3000 m²)
2 Hartspielplätze (22 x 27 m)
Terrasse vor Cafeteria
Terrasse vor dem Ruheraum (geschützt)

20.3. *Sportflächen*
Für Fußball, Volleyball, Handball, Leichtathletik: ca. 20 000 m².
Geklärt werden muß noch die Frage einer eventuellen Mitbenutzung der Sportflächen des OStK durch Studenten der Universität bzw. einer Mitbenutzung der Universitäts-Sportanlagen durch die Kollegiaten.

20.4. *Verkehrsflächen*
Parkplätze werden außerhalb des OStK-Grundstücks in genügender Anzahl angeboten.
Für 10 % der Kollegiaten sollen in Eingangsnähe Fahrräder und Mopeds überdacht abstellbar sein. Notwendige Fläche: 80 x 1,8 m/Pl. = 144 m².
Anlieferungsfläche für technische Räume (Labors, Werkraum, Werkstatt) und Sonderflächen (Archiv, Lager, Sammlungen) sind vorzusehen; ebenso PKW-Vorfahrt für den Haupteingang.

21. Wohnheim des Oberstufen-Kollegs:

21.1. Für ein Oberstufen-Kolleg mit ca. 800 Kollegiaten ist ein Einzugsgebiet von rd. 200 000 Einwohnern notwendig, wenn man davon ausgeht, daß rd. 25 % eines Altersjahrgangs die 10. Klasse einer allgemeinbildenden Schule erfolgreich abschließen und rd. ¹/₅ davon in das Kolleg eintritt. Um die Oberstufen der örtlichen Gymnasien nicht zu beeinträchtigen und die im weiteren Umkreis wohnhaften Kollegiaten nicht zu benachteiligen, soll das Oberstufen-Kolleg ein Wohnheim bekommen, das in der Endstufe 200 Kollegiaten aufnehmen kann.

Bei einer Alterszusammensetzung von ca. 17—21 Jahren scheint es angebracht, die für Studentenheime des Deutschen Studentenwerks vorgesehenen Standards anzuwenden und damit insbesondere im sanitären Bereich auf Gemeinschaftsanlagen zugunsten von Einzelanlagen zu verzichten. Die nachstehend angewandten Standards entsprechen der Wettbewerbsaufgabe des Studentenwerks Bielefeld e. V. für ein Studentenwohnheim in Appartementbauweise.

Da eine Reihe von Funktionen, die ein eigenständiges Wohnheim besitzen muß, in den Räumen des Oberstufen-Kollegs wahrgenommen werden können (Elternberatung, Großversammlungen, Werkstattarbeiten der Kollegiaten) sowie für Mittag- und Abendessen die Mensa der Universität bzw. die Cafeteria des Oberstufen-Kollegs zur Verfügung stehen, sind die dafür sonst notwendigen Räume nicht aufgeführt.

Die genannte Altersgruppe läßt außerdem eine verhältnismäßig große Anzahl von z. T. eigenen Kraftwagen, zumindest aber von Fahrrädern oder Mopeds erwarten, für die Abstellplätze einzurichten sind.

21.2 Auflistung der Flächen:

Lfd. Nr.	Anzahl Einheiten	Flächenart	Erläuterung	Fläche pro Einheit m²	Gesamt-fläche m²

1. Wohn- und Arbeitsbereich

Lfd. Nr.	Anzahl Einheiten	Flächenart	Erläuterung	Fläche pro Einheit m²	Gesamtfläche m²
1.01	200	Appartements	bestehend aus 10,5 m² Wohn- und Arbeitsfläche und 3,5 m² Naßfläche (Waschbecken, WC, Dusche)	14,0	2.800
1.02	20	Teeküchen	1 Teeküche für 10 Kollegiaten	8,0	160
1.03	2	Versammlungsräume	Fernsehen, Diskussion	50,0	100
1.04	10	Gruppenräume	1 Gruppenraum für 20 Kollegiaten zur beliebigen Nutzung	25,0	250
1.05	4	Gästeappartements		14,0	56
		Summe 1			3.366

2. Verwaltungs- und Wirtschaftsbereich:

Lfd. Nr.	Anzahl Einheiten	Flächenart	Erläuterung	Fläche pro Einheit m²	Gesamtfläche m²
2.01		Verwaltungsbüro	Kollegiatenselbstverwaltung	18,1	
			Wohnheimleiter	18,1	
			Hausmeister, Post, Telefon	18,1	
			Sachbearbeiter	18,1	
			Sekretärin	11,7	
			Schreibkraft	9,1	93
2.02	1	Personalaufenthaltsraum	6 Personen	25	25
2.03	5	Putzmittelräume		3	15
2.04	1	Wäsche- und Materiallager		50	50
2.05	1	Wasch-, Trocken- und Bügelraum	Waschmaschinen (im Keller unterzubringen)	25	
			Trockenraum	55	
			Bügelraum	40	120
2.06	1	Hauswerkstatt		40	40
2.07	2	Wohnungen	Wohnheimleiter	100	
			Hausmeister	100	200
		Summe 2			543

21.3 Summe Programmfläche:

Summe 1	Wohn- und Arbeitsbereich	3.366 m²
Summe 2	Verwaltungs- und Wirtschaftsbereich	543 m²
		3.909 m²
Summe	Wohnheimflächen	ca. 3.900 m²

Brauneiser, M. (Hrsg.)   **Attacken auf die Pädagogische Provinz**
Neun kritische Beiträge für eine neue Schule
1970, 104 S., kart.   DM 6,80 (ISBN 3-12-92139 0-2)

Acht renommierte Fachleute — H. Aebli, R. F. Behrendt, H.-J. Gamm, K. Mollenhauer, S. B. Robinsohn, H. Rumpf, A. O. Schorb, A. Sönthgerath — nehmen kritisch Stellung zu den großen Problemen unseres Bildungswesens und entwickeln Vorschläge zur inneren Reform der Schule. Die fachliche Kompetenz der Autoren und eine allgemeinverständliche Sprache zeichnen dieses Buch für Erzieher, Eltern und alle an der Bildungsproblematik Interessierten in besonderem Maße aus.
Die Beiträge wurden bereits in einer Reihe des Bayerischen Rundfunks TRV-Nr. 48 gesendet.

Husén, T.   **Die Schule der 80er Jahre**
Aus dem Schwedischen übersetzt v. E.-M. v. Freymann
1971, 140 S., kart.   DM 8,80 (ISBN 3-12-92409 0-X)

Der international renommierte schwedische Bildungsforscher und -planer fragt, wie die Gesellschaft sich im letzten Drittel des 20. Jh. entwickeln wird und welche Rückwirkungen auf das Bildungswesen daraus folgen können. Da die Schule nicht in einem sozialen Vakuum operiert, sondern integrierender Bestandteil der Gesellschaft und der gesamten Wirtschaft ist, müssen wir wissen, wie sich die gesellschaftlichen und wirtschaftlichen Bedingungen auf die Zielsetzung und Organisation der Schule der 80er Jahre auswirken werden.

Friedenberg, E. Z.   **Die manipulierte Adoleszenz**
Mit einer Einführung von David Riesmann und einem Vorwort zur deutschen Ausgabe von Hellmut Becker
Aus dem Amerikanischen übersetzt von Friedl Welter
1971, 176 S., kart.   DM 11,90 (ISBN 3-12-92263 0-3)

Friedenberg zeigt, daß die Adoleszenz und die Art der Selbstverwirklichung, die sie im besten Falle bringt, in der Gesellschaft im Schwinden begriffen ist. Diese bürokratische und uniformierende Gesellschaft verkürzt die Kindheit und zwingt zu früh einsetzender Reife, die eigentlich mehr ein Anpassungsprozeß ist. Der unheilvolle Einfluß des Bildungswesens, das die Mehrzahl der Schüler zur Anpassung zwingt und eine Minderheit in die Kriminalität treibt, wird von Friedenberg schonungslos enthüllt.
David Riesmann sagt in seiner Einführung, daß dieses Buch „unter all den scharfsinnigen Diagnosen unserer Zeit" zu den „tiefsten" gehöre, weil es erfüllt ist von intensiver Vorstellungskraft und zugleich empirisch begründet auf sozialpsychologischen Charakterstudien von Adoleszenten, auf Untersuchungen von Schulen und Lehrern.

von Hentig, H.   **Die Bielefelder Laborschule**
Allgemeiner Funktionsplan und Rahmenflächenprogramm
1971, ca. 160 S., kart., in Herstellung   (ISBN 3-12-92372 0-8)

Die „Laborschule" der Bielefelder Aufbaukommission umfaßt die gegenwärtige Grundschule mit einem Vorschuljahr und die sog. Sekundarstufe I, also die Altersjahrgänge 5—16, und ist als integrierte Gesamt- und Ganztagsschule organisiert.
Ein umfangreiches Rahmenflächenprogramm gibt Aufschluß über die mögliche Verteilung der Unterrichtsstunden, aufgeteilt nach Lern- und Arbeitsstunden.